ESCRITOS SOBRE LITERATURA
SIGMUND FREUD
Tradução do alemão Saulo Krieger

edição brasileira© Hedra 2014
tradução© Saulo Krieger
introdução© Noemi Moritz Kon

edição Jorge Sallum
coedição Luis Dolhnikoff
assistência editorial Luan Maitan
revisão Carla Mello Moreira
preparação Jacó Lebensztayn
imagem da capa Alamy/Latinstock

ISBN 978-85-7715-350-3
corpo editorial Adriano Scatolin,
Caio Gagliardi,
Fábio Mantegari,
Fernando Quinteiro,
Iuri Pereira,
Jorge Sallum,
Luis Dolhnikoff,
Oliver Tolle,
Ricardo Musse,
Ricardo Valle,
Rogério de Campos,
Tales Ab'Saber

*Grafia atualizada segundo o Acordo Ortográfico da Língua
Portuguesa de 1990, em vigor no Brasil desde 2009.*

*Direitos reservados em língua
portuguesa somente para o Brasil*

EDITORA HEDRA LTDA.
R. Fradique Coutinho, 1139 (subsolo)
05416–011 São Paulo SP Brasil
Telefone/Fax +55 11 3097 8304

editora@hedra.com.br
www.hedra.com.br

Foi feito o depósito legal.

ESCRITOS SOBRE LITERATURA
Sigmund Freud

Iuri Pereira (*organização*)
Noemi Moritz Kon (*introdução*)
Saulo Krieger (*tradução*)

1ª edição

hedra

São Paulo_2014

Escritos sobre literatura reúne textos que, de certa forma, resgatam o "débito" de Freud com a história literária. A psicanálise se baseia em discursos simbólicos: narrativas pessoais, que contam e contêm mais do que o narrador-personagem percebe. Daí a relação da obra de Freud com as artes em geral e com a literatura em particular ter sido forte e fecunda desde o início: sua hipótese mais famosa e fundamental, o "complexo de Édipo", remete à estrutura narrativa de uma peça de Sófocles. Aqui, as posições se invertem: a psicanálise se volta para a literatura, na chamada "psicanálise aplicada", usando seus novos recursos para reinterpretá-la: "Dostoiévski e o parricídio" (que relaciona o escritor russo e sua obra ao "complexo de Édipo"); "O estranho" (que discute a surpreendente sensação do estranho familiar a partir do conto "O homem de areia", do escritor "fantástico" E. T. A Hoffman); "O poeta e o fantasiar" (que apresenta a relação freudiana entre criação e pulsão erótica) e "Uma lembrança infantil de *Poesia e Verdade*" (que especula sobre os mecanismos da memória a partir de uma passagem autobiográfica de Goethe).

Sigmund Schlomo Freud (Freiberg in Mähren, 1856 — Londres, 1939), o criador da psicanálise e um dos mais influentes pensadores modernos, nasceu no então Império Austro-Húngaro, cuja capital, Viena, à época um dos principais centros de inovação artística e científica, rivalizava com Paris. O jovem Freud, cumprindo o papel de ascensão social da família de comerciantes judeus, formou-se em medicina na Universidade de Viena (1881), especializando-se em neurologia. Mas a "ciência dos nervos" (*nevrologia*), como a medicina em geral, não tinha então recursos reais a oferecer aos pacientes: não existiam as drogas neuropsiquiátricas. Em sua busca por conhecimento e capacidade de ação, Freud percorreu a Europa em um "périplo de clínicas", cujo melhor resultado foi o contato com a de Charcot, em Paris, que usava a hipnose para abordar a histeria. Freud adota a técnica, mas vê nela grandes limitações, incluindo a diferente capacidade de indução dos pacientes. Porém o "grande salto" fora dado: não eram mais os nervos, o cérebro, o objeto de pesquisa, mas a mente. Freud, por fim, abandonaria a neurologia (estudo dos nervos) e criaria a psicanálise (análise da mente). Um novo, vasto e revolucionário campo de pesquisa e de especulação teórica, além de um novo e igualmente vasto campo para o (auto)conhecimento humano (a partir, entre outros, de *A interpretação dos sonhos* [1899] e de seus estudos sobre a sexualidade), a obra de Freud impactaria extensa e profundamente a cultura ocidental no século xx, da psiquiatria às artes plásticas, do cinema à literatura, da filosofia à sociologia, do comportamento ao próprio senso comum. O homem freudiano, assim como, antes, o homem copernicano e o homem galileano, jamais seria o mesmo. E esse homem, em muitos aspectos, é o próprio homem contemporâneo. Sigmund Freud, cuja obra se estenderia para além da psicanálise para incluir filosofia, arte e cultura, recebeu em 1930 o Prêmio Goethe, um dos maiores da literatura mundial.

Saulo Krieger é formado em filosofia pela Universidade de São Paulo (usp) e cursou psicanálise no Centro de Estudos Psicanalíticos (cep). Tradutor e ensaísta, especializou-se na tradução de textos sobre psicologia e psicanálise, sendo colaborador assíduo da revista Mente e cérebro. Traduziu *Cultura psicanalítica*, de Ian Parker (Ideias e Letras, 2006), *Após o fim da arte*, de Arthur Danto (Edusp/Odysseus, 2006) e *A Vênus das Peles*, de Sacher-Masoch (Hedra, 2008).

Noemi Moritz Kon é psicanalista, membro do Departamento de Psicanálise do Instituto Sedes Sapientiae, mestre e doutora de Psicologia Social do Instituto de Psicologia da USP e autora de *Freud e seu Duplo: Reflexões entre Psicanálise e Arte, A Viagem: da Literatura à Psicanálise* e organizadora de *125 contos de Guy de Maupassant*.

Sumário

Dostoiévski e o parricídio	9
O estranho	33
O poeta e o fantasiar	79
Uma lembrança infantil de «Poesia e Verdade»	91
Romance familiar do neurótico	99
Posfácio, *por Noemi Moritz Kon*	105

Dostoiévski e o parricídio

Sobre a rica personalidade de Dostoiévski, seria o caso de evidenciar quatro facetas: a do escritor, a do neurótico, a do ético e a do pecador. Mas como poderemos nos encontrar em meio a essa desconcertante complicação?

Quanto ao escritor, há poucas dúvidas de que seu lugar é não muito atrás de Shakespeare. Dos romances escritos, *Os irmãos Karamázov* é o de maior envergadura e o episódio do grande inquisidor, das mais altas realizações da literatura mundial, quase não se pode superestimar. Já no que diz respeito a seus problemas pessoais, infelizmente a análise deve depor armas.

Em Dostoiévski, de todos os aspectos, o mais vulnerável é sua ética. Se quisermos alçá-lo à condição de homem moral, com a justificativa de que só chega ao patamar mais elevado de moralidade aquele que enveredou pelo vício mais profundo, damos as costas a uma consideração importante. A pessoa moral é a que reage à tentação já ao pressenti-la em seu foro íntimo, sem ceder a ela. Aquele que, ao contrário, peca e em seu remorso apresenta as mais elevadas exigências morais, este se expõe à censura, que o deixa tão confortável. Ele não se prestou ao que há de essencial na moralidade, que é a renúncia, pois a condução da vida moral é um interesse prático da humanidade. Ele lembra os bárbaros das migrações dos povos, que matavam e disso faziam penitência, no que a penitência se fazia, de maneira direta, uma

ESCRITOS SOBRE LITERATURA

técnica para possibilitar o assassinato. Ivan, o Terrível não se comporta de modo diferente; sim, essa comparação com a moralidade é traço russo bem característico. Tampouco o resultado final do embate de Dostoiévski no campo da moralidade tem algo de glorioso. Após as lutas mais renhidas, para conciliar as pretensões pulsionais com as exigências da comunidade humana, ele acaba por se submeter tanto à autoridade mundana como à espiritual e, pela veneração ao tsar e ao deus dos cristãos, ele retrocede a um tacanho nacionalismo russo, atitude que de um espírito medíocre exigiria menos esforço. Eis aqui o ponto fraco de sua grande personalidade. Dostoiévski deixou de ser um mestre e um libertador dos homens, indo se associar a seus verdugos; o futuro cultural da humanidade pouco terá devido a ele. Pode-se demonstrar com verossimilhança que a tal fracasso ele foi condenado por sua neurose. Se dependesse do seu nível de inteligência e da força de seu amor à humanidade, o caminho de vida que se lhe teria aberto seria o do apostolado.

Considerar Dostoiévski pecador ou criminoso suscita vigorosa resistência, que não precisa se fundar na avaliação filistina do criminoso. Logo nos fazemos cientes do verdadeiro motivo: dois traços são essenciais no criminoso — o egoísmo ilimitado e a forte tendência autodestrutiva; comum a ambos e pressuposto para a sua manifestação é o desamor, a ausência de valorização afetiva de objetos humanos. Em oposição a isso, logo nos lembramos de Dostoiévski, de sua grande necessidade de amor, e de sua enorme capacidade de amar, que se externa em manifestações de suprema bondade e lhe permite amar e auxiliar, mesmo quando seria de seu direito o ódio e a vingança — por exemplo, na relação com a primeira mulher e seu amante. Então devemos pergun-

DOSTOIÉVSKI E O PARRICÍDIO

tar de onde, precisamente, nos vem a tentação de arrolar Dostoiévski entre os criminosos. Resposta: o escritor, na escolha de suas temáticas, é levado a caracterizar personagens brutais, assassinos, egoístas em detrimento de todos os outros, o que sugere a existência dessas inclinações em seu interior, sem falar em alguns fatos reais de sua vida, como o vício do jogo e, talvez, o abuso sexual de uma garota impúbere (confissão).[1] A contradição se resolve pela intuição de que a pulsão destrutiva extremamente forte de Dostoiévski, que, com facilidade, o teria feito criminoso, foi orientada sobretudo contra a sua pessoa (para dentro, em vez de para fora), vindo a se expressar como masoquismo e sentimento de culpa. Ainda assim, à parte isso, a sua personalidade conserva traços sádicos suficientes, que se manifestam em sua irritabilidade, em seu gosto pelo tormento, em sua intolerância, mesmo contra pessoas queridas, e ainda no modo pelo qual, e isso é evidente, na condição de autor, ele trata o leitor: nas pequenas coisas como sádico para fora; nas grandes, como sádico para dentro; portanto, um masoquista, no que se tem o mais brando dos homens, o de mais boa vontade e o mais solícito.

Tomando-se os elementos complicadores da pessoa de Dostoiévski, extraímos três fatores, um quantitativo e

---

1. Ver no debate sobre *Der unbekannte Dostoievski*, 1926 — Stefan Zweig: "Ele não se detém ante os muros da moral burguesa e ninguém sabe dizer ao certo até que ponto ele ultrapassou os limites jurídicos no tempo em que viveu e quanto de instintos criminosos ele pôs em prática em seus heróis (*Três mestres*, 1920). Sobre as relações íntimas entre os construtos de Dostoiévski e suas vivências, ver as exposições de René Fülöp-Miller no parágrafo introdutório ao seu *Dostojewski am Roulette*, 1925, que estabelece ligações com Nikolai Strachoff.

ESCRITOS SOBRE LITERATURA

dois qualitativos: a dimensão de sua afetividade, a disposição pulsional perversa, a fazer com que ele seja taxado como sadomasoquista ou criminoso, e o dom artístico, inanalisável. Esse conjunto bem seria passível de existir sem a neurose, pois há masoquistas plenos não neuróticos. Segundo a relação de forças entre as exigências pulsionais e as inibições que a elas se contrapõem (sem falar na via da sublimação disponível), Dostoiévski poderia todavia ser classificado como "personalidade pulsional". Mas a situação é prejudicada pela onipresença da neurose, que, como já foi dito, não seria imprescindível sob essas circunstâncias, mas realizada quanto mais copiosa a complicação que o eu há de vencer. Ora, a neurose vem a ser apenas um sinal de que o eu não chegou a tal síntese e que, em tal busca, ele perdeu a sua unidade.

Porém de que forma a neurose em sentido estrito pode ser comprovada? Dostoiévski se dizia, e assim era tido pelos outros, epiléptico, em razão de suas graves perdas de consciência, espasmos musculares e a irritabilidade de que era acometido na sequência desses ataques. É muito provável que a referida epilepsia fosse apenas um sintoma de sua neurose, que doravante teria de ser classificada como histeroepilepsia, ou seja, como histeria grave. Não podemos ter plena certeza e por dois motivos: primeiro, porque os dados anamnésicos sobre a dita epilepsia de Dostoiévski são deficientes e insuficientes; segundo, porque não está clara a concepção dos quadros clínicos associados aos ataques epileptoides.

Agora, ao segundo ponto. É supérfluo repetir aqui toda a patologia da epilepsia, o que tampouco traz conclusão definitiva: salienta-se sempre como aparente unidade clínica o velho *morbus sacer*, a estranha doença e suas convulsões imprevisíveis, aparentemente espon-

DOSTOIÉVSKI E O PARRICÍDIO

tâneas, as mudanças de personalidade para o irritável e agressivo, e a progressiva diminuição de todo rendimento intelectual. Mas esse quadro acaba se desintegrando no indeterminado. Os ataques, que o acometiam de maneira brutal, com mordida na língua e incontinência urinária, cumulavam no *status epilepticus* de risco mortal, eventualmente eram abrandados até pontuais ausências, até vertigens passageiras, podendo ser substituídos por breves períodos em que o enfermo, como se estivesse sob o domínio do inconsciente, fazia coisas que lhe eram estranhas. A não ser por um condicionamento puramente corporal, e este de um modo que nos seria de difícil apreensão, a sua primeira aparição poderia se dever a uma influência puramente anímica (terror) ou então como reação a excitações anímicas. Por característico que seja o arrefecimento intelectual para a grande maioria dos casos, conhece-se pelo menos *um* caso em que o sofrimento não chegou a prejudicar uma elevada produção individual (*Helmholtz*). Outros casos para os quais se alegou a mesma coisa ou são incertos ou estão sujeitos às mesmas objeções que o de Dostoiévski. As pessoas acometidas pela epilepsia podem dar a impressão de estupidez e desenvolvimento retardado, e com frequência o padecimento vem acompanhado da mais pronunciada imbecilidade e dos maiores comprometimentos cerebrais, ainda que não se tenha aí um componente necessário do quadro clínico. Mas esses ataques, com todas as suas variantes, encontram-se também em outras pessoas, que manifestam pleno desenvolvimento mental e uma afetividade um tanto exagerada, sobre a qual o domínio é o mais das vezes insuficiente. Não admira que sob essas circunstâncias, tenha-se por impossível insistir na unidade de uma afecção clínica "epilepsia". Aparentemente, a homogeneidade dos sintomas exteriorizados parece exigir uma concepção funcional, como se um mecanismo de descarga pulsional anormal fosse organicamente pré-formado, e a tal mecanismo se recorreria em proporções bem diferentes, por graves enfermidades residuais e tóxicas, como também pelo domínio insatisfatório da economia anímica, e quando o funcionamento da energia que atua na mente está em ponto de crise. Por trás dessa bipartição pressente-se a identidade do mecanismo que subjaz à descarga de pulsões. Algo parecido se dá com os processos sexuais, basicamente de origem tóxica; já os médicos mais antigos chamavam o coito de uma pequena epilepsia, reconhecendo no ato sexual o abrandamento e a adaptação das descargas de estímulos epilépticos.

A "reação epiléptica", como de modo geral pode ser chamada, indubitavelmente está à disposição também da neurose, cuja essência consiste em executar, pela via somática, quantidades de excitações com as quais não se consegue lidar psiquicamente. Com isso, o ataque epiléptico torna-se um sintoma de histeria, e por ela é adaptado e modificado, de modo semelhante a um decurso sexual normal. Portanto, procede-se de maneira correta ao distinguir uma epilepsia orgânica de uma "afetiva". O significado prático é o seguinte: o afetado por uma tem uma doença cerebral; o que o é por outra, é neurótico. No primeiro caso a vida mental está sujeita a perturbação estranha, vinda de fora; no segundo caso, o distúrbio é expressão da própria vida mental.

É de todo provável que a epilepsia de Dostoiévski fosse do segundo tipo. Não se pode demonstrá-lo de maneira conclusiva; para isso, seria preciso estar em condições de dispor o primeiro surgimento e as oscilações pos-

DOSTOIÉVSKI E O PARRICÍDIO

teriores dos ataques em conexão com a sua vida mental, e para tal sabe-se muito pouco. Os ataques em si descritos não ensinam nada, as informações sobre as relações entre ataques e vivências são insuficientes e não raro contraditórias. Mais provável é a hipótese de que os ataques remontem à infância remota de Dostoiévski, no que foram substituídos primeiramente por sintomas mitigados, e só então, aos dezoito anos, pela vivência perturbadora que se seguiu ao assassinato do pai, esses ataques assumiram a forma epiléptica. Seria muito oportuno, se tal viesse a se confirmar, que, durante o cumprimento de pena na Sibéria, os ataques tenham sido completamente sustados, mas outras informações o contradizem.[2]

A indiscutível relação entre o parricídio n'*Os irmãos Karamázov* e o destino do pai de Dostoiévski é mais do que um dado biográfico notável e suscita uma alusão a "determinada orientação psicológica moderna". De acordo com a psicanálise, pois é dela que se trata, é nesse acontecimento que se manifestam o mais sério trauma e, na reação de Dostoiévski a ele, o ponto crucial de sua neurose. Porém, se intento fundamentar psicanaliticamente esta exposição, devo temer parecer incompreensível a todos aqueles que não estão familiarizados com os modos de expressão e com as teorias da psicanálise.

---

2. A maior parte dos dados — entre eles alguma informação fornecida pelo próprio Dostoiévski — muito mais assevera que a doença só havia assumido seu caráter definitivo, epiléptico, enquanto ele cumpria pena na Sibéria. Infelizmente há motivos para desconfiar dos relatos autobiográficos dos neuróticos. A experiência mostra que sua rememoração encontra-se submetida a falseamentos, que se destinam a dilacerar uma conexão causal desagradável. No entanto, parece fato que a estada na prisão siberiana também teria alterado de maneira notável o estado da doença de Dostoiévski. Cf. *Dostojewskis Heilige Krankheit* (p 1.186).

ESCRITOS SOBRE LITERATURA

Temos um ponto de partida seguro. Conhecemos o sentido dos primeiros ataques de Dostoiévski em seus anos de juventude, muito antes do aparecimento da "epilepsia". Esses ataques tinham um significado de morte, eram anunciados por uma angústia de morte e consistiam em estados de sono letárgico. Ele foi acometido pela primeira vez por uma melancolia súbita, sem motivo, quando ainda garoto; uma sensação, como ele veio a relatar mais tarde ao amigo Solovyov, como se fosse morrer; e de fato se seguia um estado completamente semelhante à morte real. Seu irmão Andrei relatou que, quando Fiódor era menino, antes de dormir, ele tinha o cuidado de deixar bilhetes, temendo cair num sono semelhante à morte, razão pela qual pedia que só o enterrassem passados cinco dias (Fülöp-Miller e Eckstein, 1925, LX).

Conhecemos o sentido e a intenção de tais ataques que se assemelhavam à morte. Eles significam uma identificação com um morto, com uma pessoa que realmente está morta, ou que está viva e a ela se deseja a morte. O último caso é o mais significativo: o ataque tem o valor de uma punição. Desejou-se a morte de outro e agora se é esse outro e se está morto. Aqui a teoria psicanalítica introduz a asserção de que esse outro, para o garoto, via de regra é o pai, e o ataque — denominado histérico — é uma autopunição para o desejo de morte contra o odiado pai.

Segundo concepção conhecida, o crime principal e primordial, tanto da humanidade como do indivíduo, é o parricídio.[3] Em todo o caso, é a fonte original do sentimento de culpa, e não sabemos se a única; pelas inves-

---

3. Ver *Totem e Tabu*.

DOSTOIÉVSKI E O PARRICÍDIO

tigações, ainda não se pode comprovar a origem mental da culpa e da necessidade de expiação. Ela, porém, não precisa ser única. A situação psicológica é complicada e demanda elucidação. A relação do garoto com o pai é, como podemos dizer, ambivalente. Afora o ódio, que faria eliminar o pai como rival, existe a regularidade de uma medida de ternura a ele dirigida. Ambas as atitudes estão subsumidas à identificação com o pai. Ele gostaria de estar no lugar do pai, porque o admira; e, uma vez que gostaria de ser como ele, quer eliminá-lo. Todo esse desdobramento depara com um poderoso obstáculo. Em determinado momento a criança aprende que a tentativa de eliminar o pai como rival lhe seria punida com a castração. A contar do medo da castração, portanto no interesse da comprovação de sua masculinidade, tem-se o desejo de posse da mãe e da eliminação do pai. E, uma vez que esse desejo é mantido no inconsciente, ele compõe o fundamento do sentimento de culpa. Cremos ter aqui descrito os processos normais, o destino normal do chamado complexo de Édipo; no entanto, temos de acrescentar ainda um complemento importante.

Outro elemento complicador se produz quando em crianças o fator constitucional a que chamamos bissexualidade se exerce de maneira mais intensa. Então, ameaçada a masculinidade pela castração, fica fortalecida a tendência a se esquivar para uma orientação à feminilidade, a colocar-se mais ao lado da mãe e a desempenhar seu papel como objeto de amor pelo pai. Mas só o medo da castração torna também essa solução impossível. Entende-se que seria preciso tomar para si a castração se se quisesse ser amado pelo pai como uma mulher. Incidem assim sob o recalque ambos os impulsos, tanto o do ódio ao pai como o do enamorar-se dele.

Uma certa diferença psicológica consiste em renunciar ao ódio pelo pai em decorrência do medo ante um perigo externo (a castração): mas o enamoramento pelo pai é manejado como risco pulsional interno, que no fundo remonta precisamente ao mesmo risco externo.

O que o ódio ao pai torna inaceitável é o medo do pai; a castração é terrível, tanto como punição quanto como preço do amor. Dos dois fatores que recalcam o ódio ao pai, é ao primeiro, ou seja, o medo diretamente relacionado à punição e à castração, que se deve chamar de normal, o reforço patogênico parecendo só vir por outro fator, que é o medo ante a atitude feminina. Portanto, uma disposição acentuadamente bissexual converte-se em uma das condições ou reforços da neurose. Disposição desse tipo pode certamente ser assumida para Dostoiévski, mostrando-se em sua forma possível de existência (homossexualidade latente), no significado de suas amizades masculinas para sua vida, em sua relação especialmente terna para com seus rivais no amor e em sua notável compreensão ante situações só passíveis de ser esclarecidas por uma homossexualidade recalcada, como demonstram tantos exemplos de seus romances.

Eu lamento, mas tal não se pode mudar, que esses apontamentos sobre as atitudes de amor e de ódio ao pai, e suas conversões ante o influxo da ameaça de castração, pareçam indignos de crédito ao leitor pouco versado em psicanálise e sem gosto por ela. Eu esperaria que o complexo de castração fosse objeto de recusa universal. Mas só posso reiterar que a experiência psicanalítica alça precisamente essas relações acima de qualquer dúvida, e nelas nos invoca a reconhecer a chave para toda neurose. Essa chave, temos então de buscá-la na aventada epilepsia de nosso autor. Como são estranhas para nossa consciência as coisas pelas quais está governada a nossa vida mental inconsciente!

As consequências do recalque do ódio ao pai no complexo de Édipo não se esgotam no que foi debatido até aqui. Tem-se ademais que a identificação com o pai acaba forçando um lugar duradouro no eu. Ela é assimilada ao eu, contrapondo-se com isso como instância especial ao conteúdo restante desse eu. A essa instância chamamos supereu, e atribuímos a ela, herdeira do influxo parental, as mais importantes funções. Se o pai foi severo, violento, cruel, o supereu toma essas propriedades para si, e em sua relação com o eu torna a se estabelecer a passividade, que justamente deve ser recalcada. Se o supereu se tornou sádico, o eu se torna masoquista, isto é, no fundo femininamente passivo. No eu surge uma grande necessidade de punição, que em parte se põe à disposição do destino, e em parte encontra satisfação nos maus-tratos pelo supereu (consciência de culpa). Toda punição vem a ser, no fundo, a castração, e, como tal, a satisfação da antiga atitude passiva para com o pai. Também o destino acaba sendo apenas uma tardia projeção do pai.

Os processos normais na formação da consciência devem, assim, ser semelhantes aos anormais aqui apresentados. Para nós não basta estabelecer a delimitação entre ambos. Observa-se que aqui se atribui maior participação no desfecho dos componentes passivos da feminilidade recalcada. Além disso, como fator acidental é importante considerar se o pai temido também na realidade é violento. Isso é algo que diz respeito a Dostoiévski, e atribuiremos o fato consumado de seu sentimento de culpa fora do comum, bem como a sua conduta de vida masoquista, a um componente feminino forte. Eis a fórmula para Dostoiévski: uma disposição bissexual bastante forte, que, com especial intensidade, pode se voltar contra a dependência em relação a um pai especialmente duro. A esse caráter da bissexualidade, acrescentamos o componente de sua natureza previamente identificado. O sintoma prematuro dos "ataques de morte" pode ser também entendido como uma identificação do pai ao eu, permitida pelo supereu ao modo de punição. "Quiseste matar o pai, para seres tu mesmo o pai." Agora és o pai, mas o pai morto; este, o mecanismo habitual dos sintomas histéricos. E com isso: agora te mata o pai. Para o eu, o sintoma da morte como satisfação da fantasia do desejo masculino e, ao mesmo tempo, como satisfação masoquista; para o supereu, a satisfação pela punição e, portanto, a satisfação sádica. Ambos, eu e supereu, seguem desempenhando o papel do pai.

De modo geral, a relação entre pessoa e objeto-pai se converteu, pela conservação de seu conteúdo, em uma relação entre eu e supereu, uma nova encenação em um segundo palco. Tais reações infantis ao complexo de Édipo poderiam extinguir-se, se a realidade já não as suprisse com alimento algum. Mas o caráter do pai permanece o mesmo — ou melhor, ele piora com o passar dos anos, e assim também se mantém o ódio ao pai por Dostoiévski, o seu desejo de morte contra o pai que é mau. Ora, é perigoso quando a realidade satisfaz tais desejos recalcados. A fantasia se tornou realidade, e todas as medidas de defesa são então fortalecidas. E desse modo, se admitimos o caráter epiléptico dos ataques de Dostoiévski, certamente eles significarão uma identificação com o pai ao modo de punição, mas se tornam amedrontadores, como o foi a própria morte terrível do pai. Quais conteúdos, sobretudo os sexuais, ela [a fantasia] teria ainda absorvido é algo que nem se pode imaginar.

DOSTOIÉVSKI E O PARRICÍDIO

É digno de nota que na aura do ataque se faz vivenciar um momento da mais elevada bem-aventurança, que pode muito bem ter fixado tanto o triunfo como a libertação ante a notícia da morte, à qual logo se seguiu a punição tanto mais cruel. Tal sequência de triunfo e tristeza, de festiva alegria e tristeza, é algo cuja presença podemos entrever entre os irmãos da horda primeva, que trucidaram o pai, e a encontramos repetida na cerimônia do banquete totêmico. Se se confirmasse que Dostoiévski, quando na Sibéria, esteve livre dos ataques, isso só faria confirmar que os ataques eram para ele uma punição. Ele já não precisava deles, quando punido de outra forma. Mas tal não pode ser comprovado. Na economia de Dostoiévski, antes se esclarece essa necessidade de punição por ele ter atravessado incólume esses anos de miséria e humilhação. A condenação do escritor como criminoso político foi injusta — certamente ele sabia disso, mas aceitava a punição imerecida pelo paizinho-tsar como substituto à punição de que seus pecados contra o pai real o tinham feito merecedor. Em lugar da autopunição, ele se deixava punir pelo substituto do pai. Vislumbra-se aqui um pouco da justificação psicológica das penas que lhe eram impostas pela sociedade. É sabido que grandes grupos de criminosos anseiam pela punição. O seu supereu a exige, no que são poupados de uma autoimputação.

Quem conhece a complicada conversão de significado de sintomas histéricos entenderá que aqui não se empreende qualquer tentativa de se aprofundar, para além do que se tem neste introito, no sentido mesmo dos ataques de Dostoiévski.[4] Basta supor que o seu significado

---

4. Ver *Totem e Tabu*. A melhor informação sobre o sentido e o conteúdo de seus ataques é dada pelo próprio Dostoiévski, quando

ESCRITOS SOBRE LITERATURA

original tenha permanecido inalterado por detrás de todas as superposições posteriores. Pode-se dizer que Dostoiévski jamais se viu livre do peso na consciência pela intenção de matar o pai. Esse peso determinou também sua conduta com relação a dois outros campos em que a relação com o pai se mostra decisiva, a saber, a autoridade do Estado e a crença em Deus. No primeiro, ele caiu por terra em completa submissão ao paizinho-tsar, que na realidade certa vez havia representado com ele a comédia do assassinato, esta que nele tantas vezes seus ataques cuidaram de representar em forma de ensaio. À penitência coube aqui a última palavra. No campo religioso, ele se manteve mais em liberdade e, segundo relatos aparentemente confiáveis, até o último momento de sua vida, ele teria oscilado entre fé e ateísmo. O seu poderoso intelecto lhe impossibilitava passar por alto quaisquer das dificuldades lógicas às quais a fé conduz. Na repetição em âmbito individual de um desenvolvimento da história universal, o autor esperava encontrar no ideal cristão uma saída e uma libertação da culpa, usando o seu sofrimento como pretensão ao papel de um Cristo. Se, de modo geral, isso não lhe trouxe a liberdade, e o tornou reacionário, segue-se daí que a culpa filial, que é comum aos seres humanos e sobre a qual se constrói o sentimento religioso, tinha alcançado nele uma força supraindividual,

---

informa ao amigo Strakhov que a sua irritabilidade e depressão na sequência de um ataque epiléptico se justificariam por ele parecer um criminoso, não lhe sendo possível se livrar de uma culpa desconhecida que ele carregava consigo e o oprimia, uma culpa por ter perpetrado um grave crime ("Dostojewskis Heilige Krankheit", p 1188). Nessas queixas, a psicanálise vislumbra uma porção do conhecimento da "realidade psíquica" e se esforça para fazer tornar conhecida a culpa desconhecida à consciência.

DOSTOIÉVSKI E O PARRICÍDIO

mantendo-se insuperável, mesmo à sua grande inteligência. Aqui nos expomos à crítica segundo a qual teríamos renunciado à imparcialidade da análise e submetido Dostoiévski a valorações que só se justificam se se assumir como ponto de partida uma visão de mundo específica. Um conservador tomaria o partido do grande inquisidor e julgaria Dostoiévski de modo diferente. A crítica se justifica, não se pode falar em atenuação, uma vez que a decisão de Dostoiévski parece ter sido determinada pela sua inibição intelectual, que se seguiu a sua neurose.

Dificilmente será por acaso que três obras-mestras da literatura de todos os tempos tenham tratado do mesmo tema, o parricídio: *Édipo Rei*, de Sófocles; *Hamlet*, de Shakespeare, e *Os irmãos Karamázov*, de Dostoiévski. Em todas as três é desvelado o motivo do ato — a rivalidade sexual pela mulher.

Delas a mais direta é certamente a representação em drama, que vem se juntar à saga grega. Ali é o próprio herói que comete o ato. Mas sem atenuantes e dissimulações, a elaboração poética não é possível. A confissão nua e crua da intenção de matar o pai, tal como a pretendemos na análise, nos parece insuportável sem uma preparação analítica. No drama grego, a imprescindível atenuação é conduzida de maneira magistral, mantendo-se os fatos, uma vez que o motivo inconsciente do herói é projetado no real como coação do destino que lhe é estranha. O herói comete o ato sem ter a intenção de fazê-lo e, ao que parece, sem a influência da mulher; porém essa conexão é levada em conta, uma vez que só consegue conquistar a mãe-rainha após a repetição do ato junto ao monstro, que simboliza o pai. Depois que a sua culpa é descoberta e tornada consciente, não se segue nenhuma tentativa de livrar-se dela no que diz respeito à autoconstrução da coação do destino, mas ela é reconhecida e purgada como culpa consciente, o que, à nossa ponderação, pode parecer injusto, mas psicologicamente é de todo correto.

A representação do drama inglês é indireta, o protagonista não chega a consumar ele próprio o ato, cometido por outro, para o qual não significava assassinar o pai. Com isso, o escandaloso motivo da rivalidade sexual pela mulher não precisa ser atenuado. Também o complexo de Édipo do protagonista, nós o divisamos de maneira um tanto enviesada, experimentando nele o efeito do ato de outro. Ele deve vingar o ato, e é curiosa a maneira como se encontra incapaz de fazê-lo. Sabemos ser o seu sentimento de culpa que o paralisa; em um dos processos neuróticos, é de maneira completamente semelhante que o sentimento de culpa é deslocado para a percepção de sua incapacidade para a realização dessa tarefa. Surgem sinais de que o protagonista experimenta essa culpa como supraindividual. Ele despreza os outros não menos que a si próprio. "Se se tratar todo homem segundo o que merece, quem estará seguro contra a espada?"

Nessa direção o romance do autor russo dá um passo além. Também aí é outro que consuma o crime, mas, para esse outro, o assassinato está na mesma relação filial que estaria para o protagonista Dmitri, a quem o motivo da rivalidade sexual diz respeito abertamente — outro irmão, a quem Dostoiévski, o que é digno de nota, atribui a doença que lhe é própria, a suposta epilepsia, como se quisesse confessar que "o epiléptico, o neurótico em mim é o parricida". E segue-se então, no pronunciamento da defesa ante o tribunal do júri, o célebre escárnio para com a psicologia, que seria uma faca de dois gumes. Um disfarce de grandes proporções, pois é preciso apenas invertê-lo para encontrar o sentido mais profundo da concepção de Dostoiévski. Não é a psicologia que merece o escárnio, e sim o processo de execução judicial. É indiferente quem efetivamente cometeu o ato; para a psicologia importa apenas quem o desejou em sentimento e, quando aconteceu, saudou-o com as boas-vindas, motivo pelo qual todos os irmãos são igualmente culpados, exceção feita à figura de contraste Aliocha, homem do desfrute, entregue às suas pulsões, cínico cético e criminoso epiléptico. N'*Os irmãos Karamázov* encontra-se uma cena do mais elevado significado para Dostoiévski. Em conversa com Dmitri, o Padre Zossima reconhece que este traz em si a disposição para assassinar o pai, e se lança a seus pés. Não se tem aí expressão de admiração, antes significa que o clérigo está repudiando a tentação de desprazer ou de rechaçar o assassino, e por isso se humilha diante dele. A simpatia de Dostoiévski pelo criminoso de fato desconhece limites, ultrapassando em muito a compaixão à qual o infeliz tem direito, lembrando o temor sagrado, com que se olhava para os epilépticos e mentalmente transtornados no passado. O criminoso é para ele quase que um redentor, que toma a culpa para si, sem o qual ela teria de ser levada pelos outros. Isso não só é compaixão benéfica; é também identificação com base no mesmo impulso assassino, e na verdade um e o mesmo narcisismo ligeiramente deslocado. O valor ético dessa bondade, com isso, não deve ser contestado. Talvez se tenha aí, de modo geral, o mecanismo da participação benigna nas outras pessoas, que, de maneira especialmente fácil, se observa nos casos extremos de consciência de culpa que grassavam no autor. Não há dúvida de que essa simpatia por identificação tenha determinado de maneira decisiva a escolha de temas por Dostoiévski. Mas ele tratou primeiramente do criminoso comum — por egoísmo —, do criminoso político e religioso, só ao final de sua vida voltando-se ao criminoso original, ao parricida, e nele depositou sua confissão literária.

A publicação de seus escritos póstumos e do diário de sua mulher iluminou de maneira penetrante um episódio de sua vida, que foi o período em que Dostoiévski, na Alemanha, esteve tomado pelo vício do jogo (Fülop-Miller e Eckstein, 1925). Um acometimento inconfundível de paixão patológica, a qual de nenhum modo poderia ser avaliada de outra forma. Não faltaram racionalizações para esse agir curioso e indigno. O sentimento de culpa, como não raro entre os neuróticos, tinha criado um substituto palpável em um fardo de dívidas, e Dostoiévski podia tomar como pretexto que, pelo ganho no jogo, ele teria a possibilidade de retornar à Rússia sem ser encarcerado por seus credores. Mas isso era apenas subterfúgio, Dostoiévski era suficientemente perspicaz para o reconhecer e igualmente honesto para confessá-lo. Ele sabia que a questão principal era o jogo em si e por si, *le jeu pour le jeu*.[5] Todos os pormenores de seu comportamento pulsionalmente desprovido de sentido comprovavam isso e ainda outra coisa. Ele jamais descansava até que tivesse perdido tudo. O jogo era para ele também uma via para a autopunição. Incontáveis vezes ele dera à jovem esposa a sua palavra, ou sua palavra de honra, de não mais jogar, ou de a partir daquele dia não mais jogar, e, como ela disse, ele a quebrava quase sempre. E toda vez que

---

5. "Todo o problema se resume ao jogo", escrevia ele em carta. "Posso jurar que não se trata de cobiça, ainda que, como não posso negar, eu estivesse precisando de dinheiro mais do que de qualquer outra coisa."

DOSTOIÉVSKI E O PARRICÍDIO

as perdas os levavam, a si e a ela, à mais extremada miséria, ele extraía daí uma segunda satisfação patológica. Diante dela ele podia se vituperar, se humilhar, exortá-la a desprezá-lo, lamentar que ela tivesse casado com um vil pecador, e, com esse desencargo de consciência, ele voltava ao jogo no dia seguinte. A jovem mulher se habituou a esse ciclo, pois percebera que a única tábua de salvação, a produção literária, jamais ia tão bem como após terem perdido tudo e empenhado as últimas posses. É natural que ela não entendesse a conexão. Quando o seu sentimento de culpa estivesse satisfeito pela punição, que ele próprio tinha se imputado, abrandava-se o bloqueio ao seu trabalho, e ele se permitia alguns passos no caminho para o êxito.[6]

Qual traço da vida infantil, há muito soterrado, força uma repetição na compulsão pelo jogo é algo que se deixa facilmente entrever se nos amparamos em um conto de um jovem escritor. Stefan Zweig, que, aliás, dedicou um estudo a Dostoiévski (*Três mestres*, 1920), narra em sua reunião de três contos *Die Verwirrung der Gefühle* (*Confusão de sentimentos*, 1927) uma história que ele intitulou "Vinte e quatro horas na vida de uma mulher". A pequena obra-prima pretende apenas demonstrar uma essência da mulher como que irresponsável, e a que surpreendentes excessos isso a pode impelir por uma impressão da vida inesperada. Só que a novela diz muito mais, quando submetida a uma interpretação analítica. Sem que se queira justificar ou desculpar coisa alguma, ela representa algo de modo geral humano, ou muito mais do que humano, e

---

6. Ele não saía da mesa de jogo até que tivesse perdido tudo, até que estivesse completamente aniquilado. Só mesmo quando a desgraça tinha se cumprido totalmente, o demônio por fim se esquivaria de sua alma, cedendo lugar ao gênio criador.

ESCRITOS SOBRE LITERATURA

tal interpretação se impõe com tamanha insistência que é difícil recusá-la. E como é característico à natureza da criação artística, o autor, com quem eu privava da amizade, ao ser por mim questionado, pôde garantir que a interpretação que eu lhe comunicava era totalmente estranha ao seu conhecimento e à sua intenção, embora na narrativa se entrelaçassem muitos detalhes que pareciam calculados para indicar a trilha secreta.

Na novela de Zweig, uma senhora idosa e de origem distinta narra ao autor uma experiência pela qual passara havia mais de vinte anos. Então recém-viúva, mãe de dois filhos, já encaminhados na vida, vida que para ela já não apresentava grandes expectativas, embarcou em uma viagem sem rumo definido pelos salões de jogos dos cassinos de Montecarlo. Dentre tantas impressões curiosas do lugar, logo ficou fascinada ante a visão de duas mãos que pareciam delatar todas as sensações do infeliz jogador com desvelada franqueza e intensidade. Essas mãos pertenciam a um belo jovem — o autor lhe dá, como que por acaso, a idade do filho mais velho daquela que o perscrutava —, e ele, após ter perdido tudo, deixa o salão no mais profundo desespero, presumivelmente decidido a dar um fim à sua desesperançada vida no pátio do cassino. Compelida por uma simpatia inexplicável, a mulher se pôs a segui-lo, disposta a tudo para tentar salvá-lo. Ele a toma por mais uma daquelas mulheres inconvenientes, ali tão numerosas, e pensa em repeli-la. Mas ela insiste, do modo mais natural possível se vê obrigada a hospedar-se no hotel em que ele está e, enfim, compartilhar o seu leito. Após a noite de amor improvisada, ela deixa o jovem, aparentemente mais calmo, fazendo-o prometer, sob as circunstâncias mais solenes, que ele não mais voltaria a jogar, proveu-o com dinheiro

DOSTOIÉVSKI E O PARRICÍDIO

para a viagem de volta e prometeu ir encontrá-lo à saída do trem na estação. Então ela tomou-se de grande ternura pelo rapaz, viu-se disposta a tudo sacrificar para não perdê-lo e, em vez de se despedir, decidiu viajar com ele. Alguns atropelos fizeram com que ela perdesse o trem; nostálgica do que deixara fugir, ela visita ainda uma vez o salão de jogos, e é com horror que ali torna a encontrar as mãos que despertaram a sua simpatia: o relapso havia retornado ao jogo. Ela o lembra de sua promessa, mas, possuído pela paixão do jogo, ele a chama de desmancha-prazeres, diz a ela que vá embora e lhe lança o dinheiro, com o qual ela quisera redimi-lo. Profundamente envergonhada, ela se vai às pressas e depois ainda vem a seu conhecimento que nem mesmo fora capaz de preservá-lo do suicídio.

É certo que essa história, magnificamente narrada, sempre movida por soluções de continuidade, tem brilho por si só e pelo efeito que provoca no leitor. Mas a análise mostra que a descoberta pela protagonista reside no subsolo de uma fantasia de desejo de seus tempos de puberdade, e tal fantasia muitas pessoas lembram como consciente. Segundo ela, a mãe gostaria ela própria de introduzir o jovem na vida sexual, para salvá-lo das temíveis nocividades do onanismo. As numerosas obras literárias que tratam dessa redenção têm a mesma origem. O "peso" do onanismo é substituído pelo vício do jogo, e a ênfase da atividade passional das mãos delata essa dedução. Na verdade, a sanha pelo jogo é um equivalente do antigo onanismo compulsivo, sendo precisamente com a palavra "brincar" que é designada, no quarto dos meninos, a agitação dos genitais com as mãos. O caráter irresistível dessa tentação, os preceitos sagrados, ainda que jamais seguidos — de não tornar a cometê-lo, o prazer atordoante e o peso na consciência fazem a sua ruína (suicídio), e se mantêm inalterados, mesmo quando substituídos. Note-se que a novela de Zweig é narrada pela mãe, não pelo filho. Para o filho deve ser lisonjeiro pensar: se a mãe soubesse os perigos que o onanismo me traz, ela certamente me daria a permissão para ter todos os carinhos bem junto a seu ventre. A equiparação da mãe à prostituta, realizada pelo jovem na novela de Zweig, se dá no contexto da mesma fantasia. Ela torna o interdito facilmente alcançável; o peso na consciência, que acompanha essa fantasia, impregna o desenlace infeliz da narrativa. Também é interessante notar como a *façade* que o autor empresta à novela não procura encobrir o seu sentido analítico. Pois é muito contestável que a vida amorosa da mulher seja dominada por impulsos súbitos e enigmáticos. Pelo contrário, a análise descobre motivação suficiente para a atitude inesperada da mulher, até então apartada do amor. Fiel à lembrança do marido, ela havia se armado contra toda e qualquer demanda que se lhe assemelhasse à dele, mas — e aqui a fantasia do filho se mostra correta — na condição de mãe, ela não escapou à transferência de amor completamente consciente pelo filho, e foi nesse ponto não vigiado que o destino pôde arrebatá-la.

Se o vício do jogo, com suas lutas malsucedidas para romper com o hábito e com seus ensejos de autopunição, é uma repetição da compulsão pelo onanismo, não nos admira que tenha conquistado espaço tão grande na vida de Dostoiévski. No entanto, não encontramos nenhum caso de neurose grave, na qual a satisfação autoerótica dos primeiros tempos e da puberdade não tenha desempenhado um papel, e as ligações entre os esforços para

DOSTOIÉVSKI E O PARRICÍDIO

reprimi-los e o medo do pai são por demais conhecidas para ser *aqui* mais do que mencionadas.[7]

---

7. A grande maioria dos aspectos aqui apresentados encontra-se também no excelente escrito de Jolan Neufeld, datado de 1923, *Dostojewski, Skizze zu seiner Psychoanalyse* (Imago-Bücher, Nr. IV).

O estranho

I.

Raramente o psicanalista registra o incitamento a investigações estéticas, por mais que a estética não se restrinja às teorias sobre o belo, mas, em sua condição de teoria, descreve as qualidades de nosso sentir. Ele trabalha em outras camadas de nossa vida anímica e tem pouco que ver com as moções de sentimentos de metas inibidas, dependentes de tantas constelações que os acompanham e o mais das vezes servem de material à estética. Mas sucede aqui e ali que ele tem de se interessar por determinado campo da estética, sendo esse de aplicação habitualmente marginal, negligenciado pela bibliografia especializada em estética.

Um caso desse gênero é representado pelo "estranho" (*Unheimliche*). Não há dúvida de que pertence ao que causa medo, ao que suscita medo e horror, e, mesmo assim, é igualmente certo que essa palavra nem sempre se usa em um sentido bem determinado, tanto que o mais das vezes ela coincide com o que causa medo. Mas se deve esperar que um núcleo específico esteja presente, para que o emprego de tal termo especialmente conceitual se justifique. Seria o caso de saber o que vem a ser esse núcleo comum, este que no âmbito do que causa angústia permitiu distinguir um "estranho".

Com relação a isso, encontramos pouco ou nada nas detalhadas apresentações da estética, que, de modo geral,

ESCRITOS SOBRE LITERATURA

preferem se ocupar do belo, do grandioso, do atraente — portanto, dos modos de sentir positivos —, de suas condições e dos objetos que o suscitam, em detrimento do contrastante, do repulsivo e doloroso. Quanto à literatura médico-psicológica conheço apenas o tratado de E Jentsch,[1] de conteúdo rico, mas sem ser exaustivo. No entanto, como é fácil entrever, e o é por razões de nosso tempo, tenho de confessar que para este pequeno ensaio não examinei a fundo a bibliografia em língua estrangeira, razão pela qual ele não tem nenhuma pretensão de primazia para o leitor.

Como dificuldades no estudo do estranho, é com pleno direito que Jentsch assinala que em várias pessoas são encontrados diferentes graus de sensibilidade a essa qualidade de sentimento. Sim, o autor dessa nova empreitada tem de revelar especial embotamento em se tratando de tal questão, ainda que seria melhor ser provido de grande acuidade de sensação. Já faz muito que ele não vivencia ou tem conhecimento de algo que lhe provoque a impressão do estranho, e por isso ele tem de se investir desse sentimento para despertar tal possibilidade dentro de si. Contudo, dificuldades desse tipo são enormes também em outros campos da estética; com isso não é o caso de abrir mão da expectativa de que se insinuem casos em que o caráter em questão seja reconhecido pela maioria sem que haja oposição.

Podem-se tomar então dois caminhos: investigar qual significado o desenvolvimento da linguagem sedimentou na palavra "estranho", ou reunir tudo aquilo que em pessoas e coisas, impressões dos sentidos, vivências e situa-

---

1. "Zur Psychologie des Unheimlichen", *Psychiatr.-neurolog. Wochenschrift*, 1906, n.22 e 23.

O ESTRANHO

ções evoquem o sentimento do estranho, extrapolando o caráter oculto do estranho, tomando-se algo comum a todos os casos. Também revelarei que ambos os caminhos conduzem ao mesmo resultado, qual seja, o estranho seria aquela parte do que causa horror, que remete ao velho conhecido, ao que é familiar há muito tempo. Como tal é possível, sob quais condições o familiar pode se tornar estranho e causar horror, ficará manifesto pelo que segue. Faço notar ainda que essa investigação na verdade tomou o caminho de uma reunião de casos individuais, e só mais tarde teve sua confirmação pelo enunciado do uso linguístico. Mas na presente exposição farei o caminho inverso.

A palavra alemã *unheimlich*, "estranho", é evidentemente o contrário de íntimo (*heimlich*), doméstico (*heimisch*) e do que é familiar, e precisamente por isso pode-se inferir algo terrível, por *não* ser conhecido nem familiar. Mas por certo nem tudo o que é terrível é novo e pouco familiar; e a recíproca *não* é verdadeira. Tudo o que se pode dizer é que algo novo facilmente causa horror e estranhamento; algo novo é terrível, ainda que nem todo o novo seja terrível. Ao que é novo e não familiar, deve-se agregar algo que o faz estranho.

Pode-se bem presumir que essa caracterização não seja exaustiva, e por isso procuramos partir da equação *estranho = não familiar*. Em primeiro lugar, vejamos outras línguas. Mas os dicionários que passaremos a consultar nada dizem de novo, talvez pelo fato de sermos nós próprios estrangeiros nessas línguas. Ficamos com a impressão de que a muitas línguas falta uma palavra para essa nuança especial do que tem o dom de aterrorizar.[2]

LATIM (segundo K E Georges, *Deutschlatein. Wörterbuch*, 1898): um lugar *unheimlich* [estranho] — *locus suspectus*; em uma noite estranha — *intempesta nocte*.

GREGO (dicionários de Rost e de Schenkl): *xenos* — portanto estrangeiro, alheio.

INGLÊS (dicionários de Lucas, Bellow, Flügel, Muret-Sanders): *uncomfortable, uneasy, gloomy, dismal, uncanny, ghastly;* para uma casa, *haunted;* para uma pessoa, *a respulsive fellow.*

FRANCÊS (Sachs-Villatte): *inquiétant, sinistre, lúgubre, mal à son aise.*

ESPANHOL (Tollhausen, 1889): *sospechoso, de mal agüero, lúgubre, siniestro.*

O italiano e o português parecem se contentar com o que caracterizaríamos como transcrições. No árabe e no hebraico, "estranho" coincide com demoníaco e abominável.

Voltemos, pois, à língua alemã. No dicionário de língua alemã de Daniel Sanders, publicado em 1860, encontramos as seguintes informações sobre o termo "estranho", que serão aqui transcritas de maneira abreviada e, tomando-as como base, destacarei uma e outra passagem:

Heimilich, a. (-keit, *f.* -em):

1. Também *heimelich, heimelig*, pertencente à casa, não estranho, familiar, acolhedor etc.

(a) (arcaico) pertencente à casa, à família, ou considerado como pertencente (comp. lat. *familiaris*, familiar): *Die Heimlichen*, os que convivem numa mesma casa; *Der*

---

2. Pela síntese a seguir, faço constar minha dívida para com o sr dr Theodor Reik.

O ESTRANHO

heimliche Rat [Gen 41.45. 11 Sam 23.23. I Cr 12.25. Sab 8.4.], hoje sendo mais usual *Geheimer Rat* [ver *Heimlicher*].

(b) para dóceis animais domésticos, que se acercam do homem com toda a confiança. Em oposição a selvagem, ou seja, "animais que não são nem selvagens nem *heimlich*" etc. "Animais selvagens [...] quando são criados selvagens e habituados com as pessoas". "Assim esses animaizinhos são desde novos criados entre as pessoas, tornando-se *heimlich*, amistosos" etc. [Stumpf 608a etc.]. Da mesma forma, ainda: "Tão *heimlich* ele é (o cordeiro), até come da minha mão". "A cegonha é sempre um pássaro belo e *heimlich*." [(s.c.) Linck Schl. 146 v. Häuslich. 1 etc.].

(c) íntimo, intimamente acolhedor; o sentir-se bem de uma satisfação tranquila etc., a calma agradável e a proteção segura de uma casa bem fechada: "Você ainda está morando naquele lugar, com aquela gente estranha ali por aquele bosque?" [Alexis H 1, 1, 289]; "Ele não era de todo estranho para ela" [Brentano Wehm. 92]; "Em um caminho sombreado lá no alto, *heimlich*, seguindo uma torrente rumorosa que povoa a floresta de sussurros" [Forster B 1, 417]; "Destruir a *Heimlichkeit* da terra natal" [Gervinus Lit. 5, 375]. "Lugar tão acolhedor e *heimlich* não se pode encontrar" [G 14, 14]; "Pretendemos que ele fique à vontade, comportado, amável e *heimlich*" [15, 9]; "Na mais tranquila amabilidade, cercado de estreitas paredes" [Haller]; "uma dona de casa esmerada, que com o mínimo consegue criar a mais calorosa *Heimlichkeit*" [Hartmann Unst. 1, 188]; "Tão mais *heimlich* se tornou o homem que havia pouco lhe era um estranho" [540]; "Os proprietários protestantes não se sentem *heimlich* entre seus súditos católicos" [Kohl Irl. 1, 172];

"Quando a paz do entardecer espreita *heimlich* e mansamente o teu aposento" [Tiedge 2, 39]; "Calma, amorosa e *heimlich* como ela é / queria apenas ter um lugar tranquilo" [W 11, 144]; "Não lhe era nem um pouco estranho" [27, 170 etc.] — também: "o lugar era tão aprazível, e quieto, tão sombreado-*heimlich*" [Scherr Pilg. 1, 170]; "as ondas se erguem e se quebram, *heimlich* feito canção de sonho e de ninar"[Körner, Sch. 3, 320 etc.] — cf. especialmente *Unheimlich* — especialmente em suábio, suíço, sobretudo os trissílabos: como "*heimelich* se sentia Ivo de volta ao entardecer, de volta à casa" [Auerbach, D 1, 249]; "Eu me sinto tão *heimelig* em casa" [4–307]; "o quarto aquecido, a tarde *heimelige*"[Gotthelf., Sch. 127, 148]; "é este o verdadeiro *Heimelig*, quando a pessoa sente de coração, quão pequena ela é, quão grande é o Senhor" [147]; "Cada vez mais ganham confiança e se sentem *heimelig* um com o outro" [U 1, 297]; "a *Heimeligkeit* íntima" [380, 2, 86]; "em lugar algum me sinto *Heimelicher* como aqui" [327; Pestalozzi 4, 240]; "o que vem de terras distantes... geralmente não vive completamente *heimelig* (*heimatlich*, não é tão amistosamente próximo) com as pessoas"[325]; "A cabana, onde / ele tão *heimelig*, tão feliz / [...] tantas vezes descansava entre os seus" [Reithard 20]; "A corneta da sentinela soa tão *heimelig* do alto da torre — e a sua voz convida, tão hospitaleira" [49]; "ela dorme, tão mansa e tão cálida, maravilhosamente *heim'lig*" [23 etc.] — *Esse modo merece tornar-se geral, para preservar a boa palavra da obsolescência, em razão da óbvia confusão com 2. Cf. "Os membros da família Zeck são todos* heimlich." [2] "Heimlich? *O que você entende por* heimlich?" "Bem, [...] *são como um manancial sob a terra ou uma lagoa seca. Não se pode passar por ali sem ter sempre a sensação de que a água vai brotar de novo.*" A isso

O ESTRANHO

chamamos *unheimlich*; vocês chamam *heimlich*. Bem, o que faz você pensar que há algo secreto e suspeito nessa família? [Gutzkow R 2, 61].[3]

(d) Isso especialmente na Silésia: alegre, sereno; também em relação ao tempo (clima) [ver Adelung e Weinhold].

2. manter escondido, oculto, de modo que os outros não consigam saber, dissimular para alguém [comp. *geheim* (oculto)], como se tem em linguagem arcaica, por exemplo, na Bíblia, no livro de Jó 11, 6; 15, 8; Sab 2, 22; I Cor 2, 7 etc., e também *heimlichkeit* em vez de *geheimnis* [Mat 13, 35 etc.] nem sempre separado de maneira precisa de: fazer, praticar algo *heimlichkeit* (pelas costas de alguém); Furtar-se de alguma coisa; *Heimliche* reuniões, compromissos; Ver com *heimlicher* satisfação; *Heimlich* suspirar, chorar; Fazer *heimlich*, como se se quisesse ocultar alguma coisa; Amor, caso de amor, pecado *heimliche*; Lugares *heimlich* (que as boas maneiras nos obrigam a esconder) [I Sam 5.6.]. O aposento *heimliche* (privado) [2 Reis 10, 27; W 5, 256 etc.]; Também a cadeira *heimlich* [Zinkfräf 1, 249]; Lançar no poço, em *heimlichkeiten* [3, 75. Rollenhagen Fr. 83 etc.] — Conduzidos os cavalos *heimlich* adiante de Laomedon [B 161b etc.] — Tão reticente, *heimlich* enganoso e malicioso para com os cruéis senhores... como franco, aberto, simpático e solícito para com um amigo na desgraça [Burmeister gB 2, 157]; você ainda tem de aprender o que é mais *heimlich* para mim [Chamisso 4, 56]; A arte *heimlich* (mágica) [3, 224]; onde para a repercussão pública começam as maquinações *heimlich* [Forster, B 2, 135]; a liberdade é o lema sussurrado de conspiradores *heimlich*

---

3. Espaçamento (aqui e a seguir) do próprio relator.

ESCRITOS SOBRE LITERATURA

e o grito de batalha de revolucionários declarados [G 4, 222]; Um efeito santo, *heimlich* [15]; Eu tenho raízes / que são *heimlich*, / em terreno profundo / me estabeleço [2. 109]; Minha perfídia *heimliche* (comp. *Heimtücke*) [30, 344]; Se ele não recebe aberta e escrupulosamente, pode apanhá-lo *heimlich* e inescrupulosamente [39, 22]; Ele tinha telescópios acromáticos construídos *heimlich* e secretamente [375]; De agora em diante, desejo que não haja nada *heimlich* entre nós [Sch. 369 b.] — Descobrir, revelar, trair as *Heimlichkeiten* de alguém; tramar *Heimlichkeiten* pelas minhas costas [Alexis H 2, 3, 168]; Na minha época nos aplicávamos *Heimlichkeiten* [Hagedorn 3, 92]; A *Heimlichkeit* e a secreção sob a mão [Immermann, M 3, 289]; A mão da compreensão pode anular sozinha o feitiço impotente de *heimlichkeiten* (de ouro escondido) [Novalis 1, 69]; Diga, onde te escondes... em que lugar se oculta *heimlichkeit*? [H Schr. 495b]; Abelhas, que fazes dispersar / O encerrar das *heimlichkeiten* (cera para lacrar) [Tieck, Cymb. 3, 2]; Aprendido em estranhas *heimlichkeiten* (artes mágicas) [Schlegel Sh. 6, 102 etc. comp. *Geheimnis* L 10: 291 ss].

Para compostos, ver acima, 1c. Note-se particularmente o contrário *un*: misterioso, sobrenatural, que desperta desagradável temor: "Parecendo-lhe bastante *unheimlich* e fantástico" [Chamisso 3, 238]; "As horas *unheimlich* e temíveis da noite" [4, 148]; "Já sentira desde há muito uma sensação *unheimlich* e até mesmo horrível" [242]; "Estou começando a ter um sentimento *unheimlich*" [Gutzkow R 2, 82]; "Sente um horror *unheimlich*" [Verm. 1, 51]; "*Unheimlich* e imóvel como uma imagem de pedra" [Reis 1, 10]; "Uma névoa *unheimlich* chamada nevoeiro da colina" [Immermann M 3, 299]; "Esses jovens pálidos são *unheimlich* e estão tramando Deus sabe

O ESTRANHO

que desordem"[Laube, vol. 1, 119]; "*Unheimlich* é o nome de tudo que deveria ter permanecido... secreto e oculto mas veio à luz"[Schelling 2, 2, 649 etc.] — "Encobrir o divino, cercá-lo de uma certa *unheimlichkeit*" [658 etc.] — *Unheimlich* poucas vezes é usado como oposto ao significado 2 (acima), como Campe aduz sem comprovação.

Dessa longa citação o que mais nos interessa é que, entre seus diferentes matizes de significado, a palavra *heimlich* exibe um que é idêntico ao seu oposto, *unheimlich*. Assim, o que é *heimlich* vem a ser *unheimlich*. (Cf. a citação de Gutzkow: "Nós os chamamos *unheimlich*; vocês o chamam *heimlich*".) De modo geral, somos lembrados de que a palavra *heimlich* não é unívoca, mas pertence a dois circuitos de representações que, sem serem contraditórios, ainda assim são bem diferentes: por um lado significam o que é familiar e agradável; por outro, o que está oculto e clandestino. *Unheimlich* habitualmente é usado apenas como o contrário do primeiro significado de *heimlich*, e não do segundo. Por Sanders nada ficamos sabendo acerca de uma possível conexão genética entre esses dois significados de *heimlich*. Por outro lado, uma observação de Schelling faz atentar para o fato de que o conteúdo do conceito de *Unheimlich* enuncia algo completamente novo, para o qual certamente não estávamos preparados: *Unheimlich* seria tudo o que deveria ter permanecido secreto e oculto, e no entanto veio à luz.

Parte das dúvidas que então surgem são afastadas por informações do dicionário de Jacob e Wilhelm Grimm (*Deutsches Wörterbuch*, Leipzig 1877 (IV/2, p 874 s):

Heimlich; adj. e adv. *vernaculus, occultus*; MAA. *heimelich, heimlich*.

(p 874) Em sentido um pouco diferente: "Sinto-me *heimlich* bem, liberto do medo"...

ESCRITOS SOBRE LITERATURA

(b) *Heimlich* também se diz de um lugar livre da influência de fantasmas... íntimo, amistoso, familiar.

(p 875: ß) Familiar, amigável, confiável.

4. *A partir da ideia de familiar, do que pertence à casa, vem se desdobrar outro conceito, de algo afastado dos olhos de estranhos, escondido, secreto, precisamente algo que se desenvolve em uma multiplicidade de relações...*

(p 876)

Na margem esquerda do lago,

no bosque, há uma campina heimlich.

(Schiller, Parte I, 4.)

... licença poética, como raramente é usada no discurso moderno... *Heimlich* posicionado em conjunção com um verbo que expressa o ato de ocultar: "No segredo do seu tabernáculo ele me esconderá *heimlich*" (Ps 27, 5)... As partes *heimlich* do corpo humano, *pudenda*... os homens que não morreram foram feridos nas suas partes *heimlich*. (I Sam 5, 12...)

(c) Funcionários que dão conselhos importantes e secretos em questões de Estado são chamados conselheiros *heimlich*, e o adjetivo, de acordo com o uso moderno, foi substituído por *geheim*: ... (o faraó) chamou o nome de José, a quem os segredos são revelados. (Gen 41, 45)

(p 878) 6. *heimlich*, como se diz do conhecimento místico, alegórico: um significado *heimlich, mysticus, divinus, occultus, figuratus.*

(p 878) *Heimlich* num sentido diferente, subtraído ao conhecimento, inconsciente... *Heimlich* tem também o significado do que é obscuro, inacessível ao conhecimento...

Não vês? Eles não confiam em nós,

O ESTRANHO

eles temem a face heimlich *do Duque de Friedland.*

(Schiller, Wallensteins Lager, Cena 2.)

9. *O sentido de algo oculto e perigoso, evidenciado no último parágrafo, desenvolve-se ainda mais, de modo que* heimlich *recebe o sentido que de outro modo seria* unheimlich (constituído segundo *heimlich*, 3b, sp. 874): "Às vezes me sinto como um homem que caminha pela noite e acredita em fantasmas; cada esquina para ele é *heimlich* e causa calafrios." (Klinger, *Theater*, 3. 298)

Portanto, *heimlich* é uma palavra que desdobra o seu significado tendo em vista uma ambivalência, até, finalmente, coincidir com o seu contrário, o *unheimlich*. O *unheimlich* é de certa forma uma espécie de *heimlich*. Ainda não confrontamos esse resultado com a definição do *unheimlich* de Schelling. A investigação individualizada dos casos de *umheimlich* nos fará compreender essas alusões.

II.

Se agora nos acercamos dos padrões de pessoas e coisas, impressões, processos e situações que em nós possam despertar o sentimento do estranho com especial força e nitidez, a escolha de um primeiro exemplo feliz evidentemente se afirma como próximo requisito. E Jentsch destacou como caso característico a "dúvida" quanto a uma animação de um ser aparentemente vivo e, inversamente, a possibilidade de um objeto sem vida poder ser de algum modo animado, com isso invocando em nós a impressão de figuras de cera, bonecas e autômatos construídos de maneira engenhosa. A isso ele acrescenta o estranho do ataque epiléptico e das manifestações de loucura, já que por meio delas despertam-se no observador suspeitas de processos automáticos — mecânicos —, que poderiam estar ocultos por detrás das habituais figuras animadas. Agora, sem que estejamos completamente convencidos dessa exposição do autor, queremos a ela atrelar a nossa própria investigação, pois no que segue ele nos faz lembrar um autor que, como nenhum outro no âmbito das letras, conseguiu produzir efeitos de estranhamento.

"Um dos artifícios mais infalíveis para suscitar efeitos levemente estranhos por meio de narrativas", escreve Jentsch, "consiste em deixar o leitor na incerteza sobre se ele tem diante de si determinada figura de uma pessoa ou algo como um autômato, fazendo-o de modo que essa incerteza não se insira diretamente no foco de sua atenção, e com isso ele não é impelido a logo investigar e aclarar a questão, uma vez que nesse sentido, como foi dito, o peculiar efeito sobre o sentimento facilmente desapareceria. Em seus contos fantásticos, E T A Hoffmann se valeu repetidas vezes, e com êxito, dessa manobra psicológica."

Essa observação, certamente correta, tem em vista sobretudo a narrativa "O homem da areia", dos *Contos noturnos* (terceiro volume das edições Grisebachschen das obras completas de Hoffmann); dele, a figura da boneca Olímpia chegou a ser usada no primeiro ato da opereta *Os contos de Hoffmann*, de Offenbach. Mas tenho de dizer — e acho que a maior parte dos leitores da história concordará comigo —, que o tema da boneca Olímpia, aparentemente animada, de modo algum é o único a que devemos fazer responsável pelo efeito incomparavelmente estranho da narrativa, mas deve ser aquele ao qual, mais do que qualquer outro, devemos imputar esse aspecto estranho.

O ESTRANHO

E é claro que não reverte em favor desse efeito que o episódio da Olímpia tenha sofrido pelo próprio autor uma leve orientação para o satírico, usada para escarnecer da superestima amorosa por parte do jovem homem. Em vez disso, no centro do relato se tem outro tema, também daí o seu nome, que é sempre retomado em passagens decisivas: o motivo do Homem da Areia, que arranca os olhos das crianças.

O estudante Natanael, que enleva a narrativa fantástica com essa lembrança da infância, apesar de sua felicidade no momento presente, não consegue banir as lembranças ligadas à morte assustadoramente enigmática do amado pai. Havia noites em que a mãe tratava de mandar as crianças para a cama com a advertência: "lá vem o Homem da Areia"; e sempre que o fazia, a criança realmente ouvia os passos pesados de um visitante, do qual o pai se ocuparia durante toda a noite. A mãe, quando perguntada sobre o Homem da Areia, veementemente negava que ele existisse a não ser como figura de linguagem, mas uma babá já sabia dar informações mais palpáveis: "É um homem mau, que aparece às crianças quando elas não querem ir para a cama, e lança um punhado de areia em seus olhos, que saltam sangrando para fora da cabeça, ele os joga num saco e os leva à meia-lua para alimentar seus filhos, que estão assentados num ninho e têm bicos encurvados como de corujas, para mordiscar os olhos das criancinhas humanas desobedientes".

Ainda que o pequeno Natanael tivesse idade e discernimento suficiente para rejeitar a figura do Homem da Areia e seus horríveis atributos, o medo não deixou de se instalar no menino. Ele decidiu averiguar a aparência de tal figura, e uma noite, quando o Homem da Areia era de novo esperado, ele se escondeu no escritório

ESCRITOS SOBRE LITERATURA

do pai. No visitante ele reconheceu o advogado Coppelius, indivíduo repelente, o qual as crianças costumavam temer quando ele, vez por outra, aparecia como convidado para almoçar, identificando então esse Coppelius com o temido Homem da Areia. Quanto ao desenrolar da cena, Hoffmann nos deixa em dúvida sobre se teria a ver com o primeiro delírio do menino tomado pelo medo ou com um relato que deve ser interpretado como real no universo representacional da narrativa. Pai e convidado começam a se ocupar de um forno com brasas flamejantes. O pequeno enxerido ouve Coppelius gritar: "Passe os olhos, passe os olhos", e se denuncia ao soltar um grito. É apanhado por Coppelius, que lhe quer salpicar os olhos com brasas do forno e lançá-los de volta ao braseiro. O pai implora pelos olhos do menino. Um desfalecimento profundo e uma longa enfermidade dão um ponto final à experiência. Quem se decidir por uma interpretação racionalista do Homem da Areia não reconhecerá nessa fantasia de criança a influência decisiva da história contada pela babá. Em vez dos grãos de areia, têm-se brasas flamejantes, que devem ser espalhadas nos olhos da criança, para, em um caso como no outro, fazer com que seus olhos saltem para fora. Em outra visita do Homem da Areia, no ano seguinte, o pai foi morto por uma explosão em seu escritório; o advogado Coppelius desapareceu dali, sem deixar qualquer vestígio.

Nessa forma assustadora de seus anos de criança, o agora estudante Natanael acredita reconhecer o óptico ambulante italiano Giuseppe Coppola, que na cidade universitária se apresenta a ele vendendo barômetros. Com a recusa do jovem, ele acrescenta: "Ei, não vai barômetro aí? Não vai barômetro? — tenho belos *ochios* também, belos *ochios*." O espanto do estudante é apaziguado

46

O ESTRANHO

quando os olhos oferecidos pelo óptico se revelam inofensivos óculos; ele compra de Coppola um telescópio de bolso e, mais tarde, munido do instrumento, olha para a casa em frente, do professor Spalanzani, deparando com a filha deste, Olímpia — bela, mas enigmaticamente muda e imóvel. Apaixona-se por ela de maneira tão impetuosa, que acaba esquecendo a sua noiva inteligente e sensata. Mas Olímpia é um autômato, que Spalanzani fez com engrenagens e em quem Coppola — o Homem da Areia — insere olhos. O aluno perscruta os dois homens discutindo sobre o trabalho. O óptico leva consigo a boneca de madeira, sem olhos, e o mecânico, Spalanzani, lança ao peito de Natanael os olhos de Olímpia que sangravam pelo chão, nisso dizendo que Coppola os havia roubado de Natanael. Este ainda uma vez é tomado por um acesso de demência, e, em seu delírio, a lembrança da morte do pai se liga àquela nova impressão: "Ui, ui, ui! Anel de fogo, anel de fogo! Gira, anel de fogo! — Ah... Divertido! Bonequinha de madeira, bonequinha bonita de madeira, gira aqui". Com isso ele se lança sobre o professor, o suposto pai de Olímpia, e quer estrangulá-lo.

Recuperado de longa e grave enfermidade, Natanael finalmente convalesce. Pensa em casar com a noiva reencontrada. Um dia ambos passavam pela cidade, sobre cuja praça do mercado a elevada torre da prefeitura lança uma sombra gigantesca. A moça propôs ao noivo que subissem na torre, enquanto o irmão dela, que acompanhava o casal, permanecia lá embaixo. Lá em cima, a atenção de Clara é atraída pela estranha aparição de algo que se movia pela rua. Natanael observa a mesma coisa pelas lentes do telescópio de Coppola, que ele trazia na bolsa e, de novo tomado pela demência, com as palavras "gira, boneca de madeira, gira!", quer lançar a garota lá do alto. Atraído pelos gritos, o irmão acode a salvá-la. Lá em cima, o furioso corre de um lado para o outro, bradando: "Anel de fogo, gira!", cuja origem já conhecemos. Entre as pessoas que se reuniam embaixo, destaca-se o advogado Coppelius, que de súbito reaparece. Devemos supor que foi a visão da sua aproximação que levou à irrupção da demência em Natanael. As pessoas querem subir, para dominar o homem furioso, mas Coppelius[4] ri: "Esperem... Ele vai descer sozinho". Natanael subitamente para, avista Coppelius e com um grito estridente, "Sim! Belos *ochios* — Belos *ochios*", lança-se sobre a balaustrada. Tão logo a cabeça jaz destroçada nos ladrilhos da rua, o Homem da Areia desaparece em meio à multidão.

Essa súmula da narrativa não deixa margem à dúvida de que o sentimento do estranho encontra-se diretamente ligado à forma do Homem da Areia, também se encontrando na representação de se ter os olhos roubados, e de que uma incerteza intelectual no sentido de Jentsch nada tem a que ver com esse efeito. A dúvida quanto ao caráter animado, que se deve aplicar à boneca Olímpia, de modo algum entra em consideração em se tratando desse exemplo do estranho, que já é bem mais forte. De fato, inicialmente o autor produz em nós uma espécie de incerteza, pela qual, certamente sem ter a intenção, ele não permite entrever se está a nos introduzir no mundo real ou em um mundo fantástico que seja do seu agrado. Como se sabe, ele tem o direito de fazer uma coisa ou outra, e, se escolheu para cenário de suas representações

---

4. Para a dedução do nome: Coppela = tubo de ensaio (as operações químicas, das quais o pai foi vítima); coppo = órbita ocular (segundo observação da sra dra Rank).

um mundo em que, por exemplo, atuem espíritos, demônios e espectros, como Shakespeare no *Hamlet*, em *Macbeth* e, em outro sentido, na *Tempestade* e em *Sonho de uma noite de verão*, temos de nos curvar à sua decisão e tomar esse mundo de sua premissa para a duração do que nos é dado como realidade. Mas no curso da narrativa de Hoffmann essa dúvida desaparece, e percebemos que o próprio autor quer nos deixar ver pelas lentes ou pela perspectiva do demoníaco oculista — talvez o próprio autor em pessoa tenha feito observações por meio de tal instrumento. A conclusão da narrativa deixa claro que o oculista Coppola é realmente o advogado Coppelius e também o Homem da Areia.

Uma "certeza intelectual" já não entra aqui em questão: sabemos que não nos devemos representar a imagem de fantasia de um demente, por trás do qual possamos reconhecer a superioridade racionalista do sóbrio estado de coisas e, por meio desse esclarecimento, a impressão do estranho não é nem minimamente reduzida. Uma incerteza intelectual em nada nos ajuda para a compreensão desse efeito estranho.

Ao contrário, a experiência psicanalítica nos faz lembrar tratar-se de um terrível medo infantil, o de perder os olhos ou de feri-los. Muitos adultos conservam essa pusilanimidade, e nenhum outro dano a órgão algum é temido como o dos olhos. Prega um dito popular que algo ou alguém lhe é como a menina dos olhos. O estudo dos sonhos, das fantasias e dos mitos nos ensina que o medo em relação aos olhos, o medo de cegar-se é com suficiente frequência o substituto para o medo da castração. E também o autocegar-se do mítico ultraje de Édipo vem a ser apenas uma forma atenuada para a pena da castração — só esta lhe seria adequada pela lei de Talião.

ESCRITOS SOBRE LITERATURA

Pensando-se de modo racionalista, pode-se tentar rejeitar uma redução do medo dos olhos ao medo da castração; é compreensível que órgãos tão preciosos como os olhos sejam vigiados com um medo de condizentes dimensões, podendo-se ademais asseverar que nenhum segredo mais profundo e nenhum significado mais profundo se lhe ocultem por trás do medo da castração. Mas com isso não se pode contar com a relação de substituição que se manifesta no sonho, na fantasia e no membro viril, e não se pode ir contra a impressão de que um sentimento especialmente bem forte e obscuro venha a se realçar precisamente contra a ameaça de perdê-lo, só sendo esse mesmo sentimento que empresta colorido à perda de outros órgãos. Qualquer outra dúvida então se desvanece quando, a valer-se das análises dos neuróticos, fica-se sabendo dos detalhes do "complexo de castração" e se toma consciência do papel tão importante em sua vida mental.

Tampouco eu aconselharia a qualquer oponente à concepção psicanalítica, pela qual a afirmação do medo com relação aos olhos seria em certa medida dependente do complexo de castração, evitar basear-se precisamente na narrativa do Homem da Areia de Hoffmann. Pois por que motivo o medo relacionado aos olhos encontra-se aqui tão intimamente relacionado à morte do pai? Por que o Homem da Areia sempre aparece como embaraço ao amor? Ele aparta o desafortunado estudante Natanael de sua noiva e do irmão desta, seu melhor amigo; destrói o seu segundo objeto de amor, a bela boneca Olímpia, obrigando-o ao suicídio, justamente quando está prestes a venturosamente se unir à sua reencontrada Clara. Esse e muitos outros traços da narrativa parecem arbitrários e desprovidos de sentido, assim como se substitui o Ho-

50

O ESTRANHO

mem da Areia pelo temido pai, do qual se espera a castração.[5]

---

5. De fato, na elaboração da fantasia do autor, os elementos do material não são submetidos a transmutação precipitada a ponto de não poderem ser restabelecidos em sua ordem original. Na história infantil, o pai e Coppelius representam a imago-pai decomposta em dois opostos por obra da ambivalência; um deles ameaça com a privação da vista (castração); o outro, o bom pai, intercede para salvar os olhos do menino. A peça do complexo mais fortemente representada pelo recalque, qual seja, o desejo de que morra o pai mau, encontra a sua representação na morte do bom pai, imputada a Coppelius. A esse par de pais corresponde, na história de vida posterior do estudante, o professor Spalanzani e o oculista Coppola, o professor em si sendo uma figura da série paterna; já Coppola é reconhecido como idêntico ao advogado Coppelius. Assim como outrora trabalharam juntos em um braseiro secreto, agora criam juntos a boneca Olímpia; o professor é também o pai de Olímpia. Por meio dessa relação que se apresenta por duas vezes, ambos se revelam como cisões da imago-pai, isto é, tanto o mecânico como o oculista são os pais de Olímpia, como também o de Natanael. Na cena aterrorizante da infância, Coppelius, após ter renunciado a cegar o menino, desatarraxou-lhe braços e pernas, tal como um mecânico trabalha em uma boneca. Esse traço peculiar, que sobressai completamente do quadro da representação do Homem da Areia, põe em jogo um novo equivalente para a castração; mas também aponta para a identidade interna de Coppelius com aquele que viria a ser a sua contraparte, o mecânico Spalanzani, e nos prepara para a interpretação de Olímpia. Essa boneca automática nada mais pode ser do que a materialização da representação feminina de Natanael para o seu pai em uma infância primeva. Seus pais, Spalanzani e Coppola, não são mais que novas edições, reencarnações do par de pais de Natanael; a informação de Spalanzani, de outro modo incompreensível, de que o óptico oculista havia roubado os olhos de Natanael para inseri-los na boneca, recobra seu significado como comprovação da identidade de Olímpia e Natanael. Olímpia é, por assim dizer, um complexo desencadeado por Natanael, que se lhe opõe como pessoa; o domínio por esse complexo encontra a sua expressão no amor absurdamente compulsivo por Olímpia. Podemos bem chamar "narcisista" a esse amor, e bem

ESCRITOS SOBRE LITERATURA

Portanto, também ousaríamos remeter o estranho do Homem da Areia ao medo do complexo de castração infantil. Mas tão logo aflora a ideia de recorrer a tal fator infantil para o surgimento do sentimento estranho, somos igualmente instados a tomar em consideração essa mesma dedução para outros exemplos do estranho. No *Homem da Areia* encontra-se ainda o fator, salientado por Jentsch, da boneca que parece ter vida. Segundo esse autor, trata-se de uma condição especialmente satisfatória para a produção de sentimentos de estranheza, quando se desperta uma incerteza intelectual sobre se algo é animado ou inanimado e se o inanimado leva longe demais a semelhança com o animado. É claro que aqui não estamos muito longe das bonecas infantis. Lembremos que, nos primeiros anos de suas brincadeiras, a criança de um modo geral não diferencia entre o que é animado e o que não tem vida e que, muito especialmente, gosta de tratar suas bonecas como a um ser vivo. De fato, vez por outra uma paciente relata que, mesmo já aos oito anos, tinha a firme convicção de que suas bonecas ganhariam vida se contempladas da maneira mais concentrada possível. Portanto, também aqui o fator infantil é de fácil comprovação; mas deve-se notar que, no caso do *Homem*

---

compreender que sua vítima se aliena do objeto real de amor. Numerosas análises clínicas, cujo conteúdo é já bem menos fantástico, sendo também menos tristes que a história do estudante Natanael, demonstram que é psicologicamente correto que o jovem fixado ao pai pelo complexo de castração seja incapaz de amar a mulher. Hoffmann foi filho de um casamento infeliz. Quando tinha três anos, seu pai abandonou sua pequena família e nunca voltou a integrar-se a ela. Como mostrou E Grisebach na introdução biográfica às obras de Hoffmann, sua relação com o pai sempre foi um dos temas mais sensíveis para ele.

O ESTRANHO

da Areia, trata-se do despertar de um antigo medo infantil, e na boneca viva não é o medo que está em questão: a criança não tem medo de que sua boneca crie vida, podendo até mesmo desejá-lo. A fonte do sentimento estranho não seria aqui um medo infantil, mas um desejo infantil ou mesmo uma crença infantil. Parece uma contradição; é bem possível que seja apenas uma variante, que possa vir a favorecer nossa compreensão.

ETAHoffmann é o mestre inigualável do estranho na literatura. O seu romance *O elixir do diabo* apresenta todo um feixe de motivos aos quais se poderia atribuir o efeito estranho da história. O conteúdo do romance é por demais abundante e intrincado para ousarmos aqui algo como um extrato. Ao final do livro, quando se têm adicionadas as premissas de ação até então ocultadas ao leitor, daí resulta não que este se faça esclarecido; em vez disso, se vê completamente confuso. O autor acumulou toda uma série de similaridades; a impressão do todo não chega a ficar prejudicada, mas tal ocorre com a sua compreensão. Então é preciso se contentar com escolher aqueles que mais se destacam dentre os temas que causam estranheza, com o intuito de investigar se também eles admitem ser derivados de fontes infantis. São todos temas que dizem respeito à duplicidade, em todas as suas gradações e plasmações, e portanto à entrada em cena de pessoas, que, por causa de sua igual aparência, devem ser tomadas por idênticas. A intensificação dessa relação por meio de um pulular de processos anímicos de uma dessas pessoas para as outras — o que chamaríamos de telepatia —, de modo que um compartilha o saber, o sentir e o vivenciar do outro, tendo-se aí a identificação com outra pessoa, de modo que se equivoca acerca de seu eu ou transfere o eu estranho no lugar do que lhe é próprio,

ESCRITOS SOBRE LITERATURA

havendo portanto uma duplicação do eu, uma divisão do eu ou uma mutação do eu — e finalmente o invariável retorno do igual, a repetição dos mesmos traços faciais, das mesmas características, destinos, atos criminosos, e mesmo dos nomes no curso de muitas gerações sucessivas.

O tema do sósia encontrou apreciação abrangente em um trabalho homônimo de Otto Rank.[6] Ali são investigadas as relações do sósia com a imagem do espelho e das sombras, com o espírito protetor, com a teoria da mente e com o medo da morte, mas também incide uma luz clara sobre a surpreendente história do desenvolvimento do tema. Pois o sósia foi originalmente uma garantia contra o sucumbir do eu, um "desmentido enérgico do poder da morte" (O Rank), e provavelmente seria a alma "imortal" o primeiro sósia do corpo. A criação de tal duplicação como defesa contra a aniquilação tem sua contrapartida em uma representação da linguagem do sonho, que ama expressar a castração pela duplicação ou pela multiplicação do símbolo genital; na cultura do antigo Egito, ela se configurou em estímulo à arte de moldar a imagem do morto em material duradouro. Mas essas representações brotaram do solo do ilimitado amor-próprio, do narcisismo primitivo, que dominava a alma anímica da criança como a do primitivo, e, com a superação dessa fase, altera-se o preságio do sósia, de uma garantia para se continuar a viver para o estranho arauto da morte.

A representação do sósia não precisa submeter-se a esse narcisismo original; ela pode, tomando-se estágios de desenvolvimento posteriores do eu, ganhar novo conteúdo. No eu emerge lentamente uma instância particu-

---

6. Otto Rank, *Der Doppelgänger*. Imago III, 1914.

O ESTRANHO

lar, que se pode contrapor ao restante do eu, que serve à auto-observação e à autocrítica, desempenha o trabalho da censura psíquica e faz nossa consciência conhecida como "consciência moral". Em casos patológicos do delírio de ser observado, ela é isolada, cindida do eu, observável pelo médico. O fato de que tal instância esteja presente, podendo tratar como objeto o restante do eu, portanto o fato de o homem ser capaz de auto-observação, torna possível satisfazer a antiga ideia da representação do sósia com novo conteúdo, atribuindo-lhe uma variedade, sobretudo o que à autocrítica parece como pertencente ao antigo narcisismo ultrapassado da era primordial.[7]

Mas não apenas esse conteúdo indecoroso da crítica do eu pode incorporar-se ao sósia, mas sim da mesma forma todas as possibilidades omitidas da configuração do destino, às quais a fantasia ainda quer se aferrar, e todas as aspirações do eu, que não puderam realizar-se em consequência de circunstâncias desfavoráveis, bem como todas as decisões voluntárias sufocadas, resultantes da ilusão do querer livre.[8]

---

7. Creio que, quando os poetas se queixam de que duas almas habitam o peito do homem, e quando os psicólogos populares falam na cisão do eu no homem, eles estão entrevendo uma bifurcação, pertencente à psicologia do eu, entre a instância crítica e o restante do eu, e não à relação de contraposição entre o eu e o recalcado inconsciente. Por isso, oblitera-se a diferença pelo fato de que entre os rejeitados pela crítica ao eu encontram-se em primeiro lugar os que derivam do recalcado.

8. No poema de H H Ewers "Der Student von Prag", do qual se originou o estudo de Rank sobre o sósia, o herói prometeu à amada não matar o seu desafiador no duelo. No caminho para o local marcado para duelar, ele depara com seu sósia, que já havia executado o rival.

ESCRITOS SOBRE LITERATURA

Porém, depois de havermos assim considerado a motivação manifesta da configuração do sósia, temos de dizer: nada de tudo o que foi dito pode tornar compreensível a nós o grau extraordinariamente elevado do estranhamento, que lhe é inerente, e tomando-se o nosso conhecimento dos processos anímicos, nada desse conteúdo poderia esclarecer a tendência à defesa, que ele projeta para fora do eu como algo estranho. O caráter do estranho só assim pode se manifestar, uma vez que o sósia é uma formação pertencente às eras primordiais e já superadas da alma, visto que naquele tempo certamente deteve sentido mais benigno. O sósia converte-se em imagem aterrorizante, assim como os deuses, após a ruína de suas religiões, se convertem em demônios (Heine, *Os deuses no exílio*).

São fáceis de avaliar, segundo o padrão do motivo do sósia, os outros distúrbios do eu usados por Hoffmann. Neles se trata de um retrocesso para fases únicas na história do desenvolvimento do sentimento do eu, de uma regressão em tempos, uma vez que o eu não se delimita com nitidez nem em relação ao mundo exterior nem em relação ao outro. Eu acredito que esses motivos tenham uma responsabilidade partilhada na impressão do estranho, até porque não é fácil isolar a sua participação nessa impressão.

O fator da repetição do idêntico como fonte do sentimento do estranho talvez não encontre reconhecimento geral e irrestrito. Segundo minhas observações, sob certas condições e em combinação com determinadas circunstâncias, sem dúvida ele suscita um tal sentimento, e, de mais a mais, adverte para o desamparo de muitos estados oníricos. Como eu, que, em uma quente noite de verão, perambulando pelas ruas desconhecidas e desertas

O ESTRANHO

de uma pequena cidade italiana, deparei com um local sobre cujo caráter não pude ficar em dúvida muito tempo. Viam-se apenas mulheres maquiadas nas janelas de pequenas casas, e eu me apressei a deixar a rua estreita e dobrar a próxima esquina logo em frente. Porém, depois de vagar sem rumo por um instante, de súbito me encontrei na mesma rua, que já começava a chamar minha atenção, e da qual meu afastamento só tinha por consequência fazer-me cair ali uma terceira vez, após novo desvio. Mas então fui tomado de uma sensação que só posso caracterizar como estranha, e eu estava feliz, como quando sob a renúncia a outras viagens de descobrimento eu tornava a encontrar a Piazza que acabara de deixar. Outras situações, que em comum com as já descritas apresentam a questão do regresso involuntário, e dela se diferenciam radicalmente em outros pontos, têm como consequência o mesmo sentimento de desamparo e estranhamento. Por exemplo, quando alguém se perde na floresta, surpreendido pela neblina, e, a despeito de todos os esforços para um caminho demarcado ou conhecido, retorna sempre a um caracterizado por determinada formação. Ou quando se anda por um quarto escuro e desconhecido, para se encontrar a porta ou o interruptor de luz e pela enésima vez se tropeça na mesma peça de mobiliário, situação que Mark Twain transforma em comicidade por um exagero grotesco.

Em outra série de experimentos reconhecemos, também sem esforço, que apenas o fator da repetição não deliberada é o que torna estranho algo que de outra forma seria inofensivo e impõe a nós a ideia da fatalidade, do inevitável, ali onde só falaríamos de "acaso". Assim, uma experiência qualquer, por exemplo, quando ao entregar roupas no vestiário recebemos uma senha com determi-

ESCRITOS SOBRE LITERATURA

nado número — digamos, 62 — ou se descobrimos que a cabine de navio que nos é atribuída tem o mesmo número. Ora, essa impressão muda se ambos os episódios se sucedem em pouco tempo, de modo que se depara com o número 62 mais vezes no mesmo dia, no que se é levado a observar que tudo o que tem uma especificação numérica, como endereços, quarto de hotel, vagão de trem e assemelhados, sempre torna a trazer, pelo menos como componente, o mesmo número. Acha-se isso "estranho", e aquele que se mostrar impassível e invulnerável às tentações da superstição se verá inclinado a atribuir esse retorno obstinado de um número a um significado secreto, algo como uma referência aos anos de vida que se está destinado a alcançar. Ou quando alguém se ocupa de estudar os escritos do grande fisiologista E Hering e recebe num espaço de poucos dias cartas de dois indivíduos com esse nome, de países diferentes, e até então jamais tivera contato com pessoas de tal sobrenome. Não faz muito tempo, um engenhoso pesquisador da natureza tentou subordinar a determinadas leis acontecimentos desse tipo, no que a impressão do estranho teria de ser suprimida. Eu não ousaria inferir que ele o conseguiu.[9]

Posso aqui apenas sugerir de que modo o estranho do retorno do idêntico pode ser deduzido da vida anímica infantil, e tenho para isso de remeter o leitor a uma exposição detalhada, já concluída, extraída de outro contexto. No inconsciente anímico faz-se reconhecer precisamente o domínio de uma compulsão para a repetição que advém dos impulsos pulsionais, provavelmente a depender ela própria da natureza mais íntima das pulsões,

---

9. P Kammerer. *Das Gesetz der Serie* [*A Lei da Série*]. Wien, 1919.

O ESTRANHO

que deve ser suficientemente forte para expulsar o princípio do prazer. Isso confere caráter demoníaco a certos aspectos da vida anímica, porém se exterioriza muito nitidamente nas aspirações da criança pequena e domina ainda mais nitidamente parte do decurso da psicanálise dos neuróticos. Com todas essas elucidações mencionadas, estamos preparados para sentir como estranho o que for capaz de exortar essa compulsão à repetição interna.

Mas agora, pensamos, é tempo de nos apartarmos dessas relações, sobre as quais é sempre difícil emitir juízo, e buscar casos indubitáveis do estranho, cuja análise permita contar com uma decisão definitiva sobre a validade de nossa hipótese.

No *Anel de Polícrates*, o rei do Egito se volta com horror para o seu hóspede, pois percebe que todo e qualquer desejo do amigo é satisfeito logo que a sua preocupação com o destino é suprimida. O hóspede e amigo se lhe torna "estranho". A informação, que ele próprio dá, a de que os demasiado felizes têm a temer a inveja dos deuses, parece-nos ainda enigmática, o seu sentido sendo mitologicamente velado. Por isso escolhemos outro exemplo, de relações já bem mais despretensiosas: no histórico clínico de um neurótico obsessivo,[10] eu contei que esse enfermo passara uma temporada em uma estação de águas, obtendo grande melhora. Ele foi suficientemente perspicaz para atribuir esse êxito não à força curativa das águas, mas à posição de seu quarto, imediatamente vizinho ao aposento de uma amável enfermeira. Quando foi então pela segunda vez ao estabelecimento, exigiu o mesmo

---

10. Bemerkungen über einen Fall von Zwangsneurose [*Notas sobre um caso de neurose obsessiva*]. [*Gesammelte Werke*, Bd. VII.]

ESCRITOS SOBRE LITERATURA

quarto, mas teve de ouvir que este já se encontrava ocupado por um senhor idoso, e nisso pela palavra deu vazão a seu desapontamento: "por isso mesmo ele deve ter um ataque". Quatorze dias depois o senhor idoso de fato sofreu um ataque de apoplexia. Para meu paciente essa foi uma vivência "estranha". A impressão do estranho foi ainda mais forte pelo curto espaço de tempo que se deu entre aquela manifestação e o acidente, ou então porque o paciente poderia referir-se a outras muitas experiências semelhantes. Na realidade, não lhe faltavam tais confirmações, mas não só a ele: todos os neuróticos obsessivos que eu estudei eram capazes de contar algo parecido. De modo algum lhes surpreendia encontrar-se regularmente com a pessoa sobre a qual — talvez não muito depois — tinham pensado; muitas vezes, recebiam pela manhã uma carta de uma pessoa sobre a qual na noite anterior haviam feito algum comentário: "faz tempo que não se tem notícias dele", e, diga-se, desgraças e acidentes de morte raramente acontecem sem pouco antes lhe ocorrerem em pensamento. Emprestavam a essa circunstância uma expressão resignada, na qual afirmavam ter "suspeitas" que "na maioria das vezes" se cumpriam.

Uma das formas mais estranhas e disseminadas de superstição é o medo de "mau-olhado", que recebeu do oftalmologista hamburguês S Seligmann[11] uma fundamentação exaustiva. Parece jamais ter havido equívocos quanto à fonte de que esse medo se origina. Quem possui algo precioso, e ainda assim vulnerável, teme a inveja dos outros, uma vez que projeta o que ele mesmo sentiria no caso inverso. Esses estímulos são traídos pelo olhar,

---

11. *Der Böse Blick und Verwandtes* [*O mau-olhado e outros casos semelhantes*]. Berlin, 1910 e 1911.

O ESTRANHO

mesmo quando se lhe nega a expressão em palavras, e quando alguém se diferencia dos demais por traços chamativos, sobretudo se de tipo desagradável, presume-se que sua inveja poderia alcançar certa força e com isso converter essa força em efeito. Teme-se, portanto, prejudicar uma intenção secreta e por determinados sinais se supõe que essa intenção teria também a força para lhe estar à disposição.

Os exemplos do estranho citados por último dependem do princípio que, seguindo a sugestão de um paciente, chamei "onipotência do pensamento". Já não podemos ignorar o terreno em que nos encontramos. A análise dos casos do estranho nos remeteu à antiga concepção de mundo do animismo, que se caracterizou pela realização do mundo por espíritos humanos, pela superestimação narcisista dos próprios processos anímicos, pela onipotência do pensamento e pela técnica da magia nela erigida, pela partilha das forças mágicas cuidadosamente matizadas por diferentes pessoas e coisas (*Mana*), bem como por todas as criações, com as quais o narcisismo ilimitado daquele período evolutivo se defende contra a inequívoca objeção da realidade. Parece que, em nosso desenvolvimento individual, todos passamos por uma fase correspondente a esse animismo primitivo, e de nenhum de nós ela expirou sem deixar atrás de si restos e vestígios capazes de manifestação, e tudo o que hoje nos parece "estranho" satisfaz a condição de "tocar" esse resto de atividade animista da alma e incitar sua manifestação.[12]

Agora é o caso de fazer duas observações, nas quais

---

12. Cf. a respeito o Fragmento III, "Animismo, magia e onipotência do pensamento", *in Totem e Tabu*, 1913. Observa-se ali o seguinte:

eu gostaria de registrar o conteúdo essencial desta breve investigação. Em primeiro lugar, se a teoria psicanalítica está certa ao afirmar que todo afeto de uma moção de sentimento, não importando de que tipo seja, é convertido em medo pelo seu recalque, entre os casos do que provoca medo haverá um grupo no qual se mostra que o que provoca medo é um recalque recorrente. Essa espécie de algo que provoca medo seria precisamente o estranho, e com isso deve ser indiferente se ele próprio é originalmente amedrontador ou se foi revestido por outra afecção. Em segundo lugar, se esta for realmente a natureza secreta do estranho, assim entenderemos que o uso da linguagem faz com que se transponha o *Heimliche* em seu contrário, *Unheimliche* (pp 242 ss.), pois esse estranho não é realmente nada novo ou alheio, e sim algo de há muito familiar à vida anímica, que a ela só se tornou estranho pelo processo do recalque. A ligação com o recalque nos é agora elucidada também pela definição de Schelling, segundo a qual o estranho seria algo que deveria permanecer oculto, e no entanto ele aflora.

Resta-nos ainda submeter a prova à compreensão que obtivemos da elucidação de alguns outros casos do estranho.

A muitas pessoas parece sumamente estranho o que se encontra atrelado à morte, aos cadáveres e ao retorno dos mortos, com seus espíritos e espectros. É certo que já ouvimos que em muitas línguas modernas não é possível reproduzir nossa expressão *"ein unheimliches Haus"*, a não ser mediante a paráfrase: uma casa mal-assombrada.

"Ao que parece, emprestamos o caráter de 'estranho' a tais impressões, que de algum modo querem atestar a onipresença do pensamento e a forma de pensar animista, ao passo que em nosso juízo já estamos apartados delas".

O ESTRANHO

Na verdade, deveríamos começar nossa investigação com esse exemplo, talvez o mais forte, de estranhamento, mas não o fizemos, porque aqui o estranho encontra-se por demais contaminado com o horrível, e em parte está por ele encoberto. Mas em nenhum outro âmbito o nosso pensar e o sentir foram, desde tempos imemoriais, tão pouco alterados, e em nenhum outro âmbito o antigo se manteve tão bem conservado sob um encobrimento rarefeito, como em nossa relação com a morte. Dois fatores vêm dar boas informações sobre essa permanência: a força de nossas reações afetivas originais e a incerteza de nosso conhecimento científico. Nossa biologia ainda não pôde decidir se a morte é o destino necessário de todo modo de vida ou se é apenas um acaso regular, talvez mesmo evitável da vida. O enunciado: "todo homem é mortal", glosado nos manuais de lógica como exemplo de uma afirmação geral, não elucida ser humano algum, e nosso inconsciente dispõe hoje, como outrora, do mesmo reduzido espaço para a representação da própria mortalidade. As religiões continuam a combater o fato inegável da morte individual e estabelecem a existência para além do fim da vida; os poderes do Estado creem não poder manter a ordem moral entre os vivos se devessem renunciar a corrigir a vida na terra por um "para além" que fosse melhor; nos murais de nossas grandes cidades são anunciadas palestras cujos ensinamentos pretendem divulgar como se pode entrar em contato com as almas dos mortos, e é inegável que a maior parte dos melhores pensadores e das mentes mais perspicazes entre os homens da ciência, sobretudo quando ao final de suas vidas, julgaram não serem inexistentes as possibilidades de tal comunicação com espíritos. Uma vez que quase todos entre nós quanto a isso pensamos como os selvagens, também

ESCRITOS SOBRE LITERATURA

não será de admirar que o medo primitivo dos mortos entre nós continue tão poderoso, estando prestes a se manifestar tão logo seja convidado a fazê-lo. É provável que conserve o seu antigo sentido, com o morto tornando-se inimigo do sobrevivente e pretendendo levá-lo consigo, na condição de companheiro de sua nova existência. Antes de mais nada, com essa imutabilidade de orientação ante a morte, seria o caso de perguntar onde se mantém a condição de recalque, requerida para que o primitivo possa ser convertido em algo estranho. Porém ela persiste; oficialmente as pessoas por assim dizer instruídas já não creem na visibilidade dos mortos como almas; associaram sua aparição a condições remotas, que raras vezes se realizam, e à atitude de sentimento ante o morto, a qual em sua origem é altamente dúbia e ambivalente, abrandou-se na atitude unívoca da piedade.[13]

Agora são necessários uns poucos complementos, pois, com o animismo, a magia e o encantamento, com a onipotência do pensamento, a relação com a morte, a repetição não intencionada e o complexo de castração, realmente esgotamos a gama de fatores que tornam o estranho amedrontador.

Também chamamos "estranha" uma pessoa vivente, e efetivamente o fazemos quando lhe atribuímos más intenções. Mas isso não é suficiente: temos de ainda acrescentar que essas suas intenções de nos prejudicar se realizarão com o auxílio de forças especiais. O "Gettatore" é aqui um bom exemplo, essa forma estranha da superstição romântica, que Albrecht Schäffer no livro *Josef Montfort*, com intuição poética e profunda compreensão psicanalítica, transformou em simpática figura. Mas com

---

13. Cf. "Das Tabu und die Ambivalez". *in Totem und Tabu.*

essas forças secretas de pronto nos encontramos novamente no campo do animismo. O pressentimento de tais forças secretas é o que torna tão estranho o Mefistófeles para a piedosa Gretchen:

Ela suspeita de que sou um gênio,

Talvez eu seja até mesmo o diabo.

O estranho da epilepsia, da loucura, tem a mesma origem. O laico vê aqui diante de si a manifestação de forças de que nem suspeitara nas pessoas próximas, mas cuja moção ele se sente capaz de rastrear em algum obscuro recôndito de sua personalidade. De maneira consequente e psicologicamente quase correta, a Idade Média havia atribuído todas essas manifestações da doença ao efeito de demônios. Sim, eu não me surpreenderia em ouvir que a psicanálise, que se ocupa em descobrir essas forças secretas, por isso mesmo tenha se tornado estranha para muitas pessoas. Em um caso no qual consegui restabelecer — ainda que não muito rapidamente — uma garota inválida havia vários anos, ouvi a mesma coisa de sua mãe, que durante muito tempo tinha esperado pela cura.

Membros decepados, uma cabeça cortada, mão separada do braço, como num conto de Hauff, pés que dançam sozinhos, como no citado livro de A Schaeffer, têm em si algo de extraordinariamente estranho, sobretudo quando lhes é concedida, como no último exemplo, uma atividade autônoma. Já sabemos que esse estranhamento emana de sua aproximação do complexo de castração. Muitas pessoas viriam a coroar a ideia de estranhamento com a situação de serem enterradas por ocasião de uma morte aparente. Só pela psicanálise sabemos que essa assustadora fantasia é apenas a conversão de outra, que origi-

ESCRITOS SOBRE LITERATURA

nalmente nada tinha de horripilante, mas sim consciente concupiscência, qual seja, a fantasia de viver no seio materno.

Acrescentemos ainda algo de sentido geral, que, tomado estritamente, está contido no que até aqui se afirmou sobre o animismo e os modos de trabalho, superados, do aparato mental. No entanto, parecem merecedoras de um destaque especial a frequência e a facilidade com que se produz um efeito estranho quando as fronteiras entre fantasia e realidade se esvanecem, quando algo real, até agora tido por fantástico, aparece diante de nós, e quando um símbolo assume a sua realização plena, adquirindo o significado do simbolizado e coisas do gênero. Reside aqui boa parte do que compõe o caráter do estranho, atrelado às práticas mágicas. O que se tem de infantil, que também governa a vida mental do neurótico, está na ênfase excessiva da realidade psíquica em comparação com a material, traço este que inclui a onipotência dos pensamentos. Em meio ao bloqueio que se teve durante a Grande Guerra, caiu-me em mãos um número da revista inglesa Strand, em que, entre outros artigos escancaradamente superficiais, li uma narrativa sobre um jovem casal que se instalara em uma casa onde havia uma mesa de formato bem diferente e com crocodilos entalhados na madeira. Ao anoitecer, espalhava-se pela casa um mau cheiro insuportável, característico, topava-se na escuridão com alguma coisa que se acreditava ver, e algo indefinido deslizava pela escada; logo se depreendia que, em consequência da presença da tal coisa, crocodilos espectrais assombravam a casa, ou que, na escuridão, os monstros de madeira ganhavam vida ou algo semelhante. Seria uma história bastante simplória, mas sente-se o seu efeito estranho como algo que se destaca.

O ESTRANHO

Para concluir essa amostragem certamente ainda incompleta, é o caso de mencionar um experimento do trabalho psicanalítico, que, se não reside em um encontro casual, traz consigo a mais bela corroboração de nossa concepção do estranho. É frequente homens neuróticos declararem que os genitais femininos lhes são algo estranho. Ocorre que esse estranho é a porta de acesso à antiga pátria do gênero humano, para o lugar no qual cada um de nós uma vez, um dia, se demorou um pouco. "Amor é nostalgia", apregoa um dito popular, e quando aquele que sonha, ainda em sonho, pensa estar num lugar ou numa terra: "reconheço este lugar, já estive aqui", com isso a interpretação está autorizada a substituí-lo [o lugar] pelos genitais ou pelo ventre da mãe. O estranho (*unheimlich*) é, pois, também neste caso, algo que outrora foi familiar (*heimisch*) e de há muito conhecido. Mas o prefixo "*un*" nessa palavra é a marca do recalque.

III

No curso mesmo desta leitura, as elucidações precedentes devem ter provocado dúvidas, que agora se permitirá reunir e expressar em voz alta.

Pode ser o caso que o estranho seja o familiar-enraizado, que experimentou um recalque e dele retorna, tudo o que é estranho satisfazendo a essa condição. Mas o enigma não parece resolvido com essa escolha de material. É evidente que nossa tese não admite inversão. Nem tudo o que lembra moções de desejo reprimidas e modos de pensar sobrepujados do passado individual e das eras primeiras dos povos por isso mesmo vem a ser estranho.

ESCRITOS SOBRE LITERATURA

Tampouco vamos querer omitir que para cada exemplo que deve comprovar nossa tese podem ser encontrados outros, análogos, que a contradizem. Por exemplo, a mão no conto *A história da mão decepada*, de Hauff, por certo atua de maneira estranha, o que nos remete ao complexo de castração. Mas na narrativa de Heródoto sobre o tesouro de Rhampsenit, o ladrão mestre, a quem a princesa quer ter agarrado pela mão, deixa para ela a mão decepada de seu irmão, e é provável que outros venham a julgar, como eu, que esse traço não evoca nenhum efeito de estranhamento. A pronta satisfação do desejo que se tem no *Anel de Polícrates* atua em nós secretamente, como sobre o rei do Egito. Mas em nossos contos abundam as imediatas satisfações de desejo, sem que o estranho ali esteja presente. No conto dos três desejos, a mulher se deixa atrair pelo odor de uma salsicha, e se declara como desejosa de ter uma salsichinha como aquela. Prontamente aparece uma em seu prato. Tomado pela ira, o marido deseja que a enxerida seja presa pelo nariz. Nisso, voando, a mulher é balançada pelo nariz. Pode ser bem impressionante, mas de modo algum estranho. O conto de fadas se insere abertamente no ponto de vista animista da onipotência do pensamento e do desejo, e eu não saberia citar nenhum conto no qual, em sua autenticidade, acontecesse algo estranho. Ouvimos que exerce efeito estranho em mais alto grau quando temos a animação de coisa sem vida, imagens, bonecas; ocorre que nos contos de Andersen adquirem vida equipamentos, utensílios domésticos, mobília, soldados de chumbo, e talvez nada esteja mais distanciado do estranho. Também dificilmente se tomaria por estranha a animação da bela estátua de Pigmalião.

Aprendemos que a morte aparente e a reanimação

dos mortos são representações por demais estranhas. Mas isso, de novo, se falarmos em contos de fadas, já é muito habitual; quem ousaria designar tomar por estranho, por exemplo, a Branca de Neve tornar a abrir os olhos? Também o despertar dos mortos em relatos sobre milagres, por exemplo, no Novo Testamento, desperta sentimentos que nada têm que ver com o estranho. O retorno involuntário do igual, que produz em nós uma série de efeitos de estranhamento, em toda uma série de outros casos concorre para efeitos bem diferenciados. Já conhecemos um caso em que ele é usado como meio para provocar o sentimento cômico, e exemplos desse tipo podemos ter aos montes. Outras vezes ele atua como intensificação ou algo do gênero; e, além disso, de onde provém o estranhamento da calma, do estar sozinho, da escuridão? Esses fatores não estariam a apontar para o papel do perigo no surgimento do estranho, embora sejam as mesmas condições sob as quais as crianças o mais das vezes manifestam o medo? E podemos realmente descuidar do momento da incerteza intelectual, ainda que reconheçamos a sua importância para o estranho da morte?

Devemos então admitir que, para o surgimento do sentimento do estranho, são decisivas ainda outras condições por nós propostas e referentes ao material. Poder-se-ia bem dizer que aquela primeira afirmação seria solucionada com o interesse psicanalítico pelo problema do estranho, com o restante provavelmente demandando uma investigação estética. Mas com isso abrimos a porta para a dúvida sobre o valor que deve ser reivindicado pela nossa prospecção da origem do estranho, tomando-se por base o estranho recalcado.

Uma observação pode nos indicar o caminho para a

ESCRITOS SOBRE LITERATURA

solução dessa incerteza. Quase todos os exemplos que contrariam nossas expectativas são oriundos do âmbito da ficção. Assim, conservamos uma indicação para se fazer uma diferença entre o estranho que se vivencia e o estranho que meramente se representa, ou sobre o qual se lê.

O estranho do vivenciar tem condições bem mais simples, mas compreende casos menos numerosos. Acredito que se possa admitir irrestritamente a solução que intentamos, e que em todos os casos se possa reconduzir ao recalcado o familiar do antigo. Porém, também aqui se deve proceder a uma separação importante e psicologicamente significativa do material, que poderá ser mais bem reconhecido com o uso de exemplos apropriados.

Tomemos o estranho da onipotência do pensamento, da pronta satisfação dos desejos, das forças nocivas secretas, do retorno dos mortos. É óbvia a condição que surge aqui sob o sentimento do estranho. Nós — ou nossos ancestrais primitivos —, que um dia tivemos essas possibilidades por realidade, estávamos convencidos da realidade desses processos. Já não acreditamos nisso nos dias atuais, sobrepujamos esses modos de pensar, mas não nos sentimos de todo seguros dessas novas convicções: as antigas vivem ainda em nós, à espreita de corroboração. Assim como em nossa vida acontece algo que parece conduzir a essas convicções antigas e abandonadas, temos o sentimento do estranho, a que se pode trazer como complemento o seguinte juízo: "Então é verdade que se pode matar pelo mero desejo, de que os mortos continuem a viver e se tornem visíveis nos locais em que outrora atuavam" e coisas semelhantes! E, em oposição, faltará estranho desse tipo a quem, ao contrário, eliminou de si, de maneira radical e definitiva tais convicções

O ESTRANHO

animistas. O mais notável coincidir entre desejo e satisfação, a mais enigmática repetição de vivências semelhantes no mesmo lugar ou na mesma data, as mais ilusórias percepções visuais e os mais suspeitos ruídos não o farão equivocar-se, não despertarão nele nenhum medo que se possa caracterizar como medo do "estranho". Portanto, o assunto aqui é, pura e simplesmente, de exame da realidade; trata-se de uma questão de realidade material.[14]

Algo diferente se passa com o estranho originário dos complexos infantis, do complexo de castração, da fantasia do útero materno e assim por diante, e nesse caso somente as vivências reais, que despertam esse tipo de estranho, não podem ser muito frequentes. O estranho

---

14. Uma vez que também o estranho do sósia é desse gênero, torna-se interessante averiguar o efeito que em nós se produz se depararmos com uma imagem de nossa própria pessoa de maneira inesperada e despropositada. E Mach relata duas dessas observações no livro *Analyse der Empfindungen* [*Análise das sensações*], 1900, p 3. Certa vez isso não pouco espanto lhe causou quando ele reconheceu o rosto que via como sendo seu, e em outra ocasião proferiu um juízo bastante desfavorável sobre um estranho que lhe apareceu embarcando num ônibus em que ele se encontrava: "Eis que sobe aí um decrépito mestre-escola". — E posso narrar aventura semelhante. Estava eu sentado sozinho em um compartimento de vagão-dormitório, quando um solavanco mais violento do movimento do trem fez com que se abrisse a porta que conduzia à *toilette*, e apareceu diante de mim um senhor idoso de roupão e toca de dormir. Eu supus que ele, ao deixar o banheiro, situado entre dois compartimentos, teria se enganado de direção e entrado naquele onde eu estava; eu me pus de pé, a fim de adverti-lo, e nisso reconheci, perplexo, que a imagem do intruso era a minha própria, refletida no espelho da porta de comunicação. Ainda recordo que a aparição me desagradou profundamente. Portanto, em vez de eu temer um sósia, ambos — tanto Mach como eu — simplesmente não o reconhecemos. Não seria o desprazer um resíduo daquela reação arcaica pela qual se tem impressão do sósia como algo estranho?

do vivenciar pertence o mais das vezes ao grupo anterior, mas para a teoria a diferenciação de ambos é muito significativa. No caso do estranho dos complexos infantis a questão da realidade material não entra em consideração, com a realidade psíquica vindo em seu lugar. Trata-se de um recalque real de um conteúdo e de um retorno do recalcado, não de uma supressão da crença da realidade desse conteúdo. Poder-se-ia dizer que em um caso o reprimido é um conteúdo representado; no outro, a crença em uma realidade (material). Mas o último modo de expressão provavelmente estende o uso do termo "recalque" para além de suas fronteiras legítimas. Mais correto é levar em conta uma diferença psicológica que aqui pode ser rastreada e caracterizar o estado em que se encontram as convicções animistas do homem culto como — de maneira mais ou menos plena — superado. E nosso resultado será o seguinte: o estranho da vivência se realiza quando complexos infantis recalcados tornam a ser vivenciados por uma impressão ou quando as convicções primitivas superadas parecem de novo confirmadas. Finalmente, a predileção por exposições uniformes e demonstrações claras não será impedimento à confissão de que os dois tipos aqui apresentados do estranho no vivenciar nem sempre podem ser separados com nitidez. Quando se considera que as convicções primitivas se atrelam da maneira mais íntima aos complexos infantis, e a bem da verdade os enraízam, já não mais se é surpreendido por essa obliteração de fronteiras.

O estranho da ficção — da fantasia, da poesia — merece de fato uma consideração particular. Ele é sobretudo muito mais abundante que o estranho da vivência, compreende este em sua totalidade, bem como a outras coisas, que não se encontram sob as condições do viven-

O ESTRANHO

ciar. A contraposição entre o recalcado e o sobrepujado não pode ser transposta sem uma modificação profunda no estranho da criação literária, pois o reino da fantasia tem como premissa de sua validade que seu conteúdo seja suprimido pela prova de realidade. O resultado, que soa paradoxal, é que na criação literária muita coisa não é estranha, e o seria se acontecesse na vida, e na criação literária persistem muitas possibilidades de se obter efeitos estranhos, que não se realizam na vida.

Entre as muitas liberdades do escritor conta-se também a de poder escolher, segundo a sua vontade, o seu universo de representação, de modo a fazê-lo coincidir com a realidade que nos é familiar ou, de algum modo, distanciar-se dela. Nós o seguimos em qualquer um desses casos. O universo dos contos de fada, por exemplo, abandonou por antecipação o solo de realidade e professou abertamente a aceitação de convicções animistas. Satisfações de desejos, forças secretas, pensamento onipotente, animação do inanimado, que nos contos de fada são tão comuns, não manifestarão aqui nenhum efeito estranho, pois para o surgimento de um efeito estranho faz-se necessária, como já sabemos, a controvérsia em torno do juízo, o superado e indigno de crença não sendo possível no mundo real, questão esta que, pelos pressupostos mesmos dos contos de fadas, já está excluída de antemão. Assim, os contos de fadas, que nos proporcionaram a maior parte dos exemplos que vão contra a nossa solução para o estranho, concretizam o caso antes mencionado, segundo o qual no reino da ficção não são estranhas muitas coisas que o seriam se acontecessem na vida. E quanto aos contos de fada, somam-se ainda outros fatores, que serão aludidos mais tarde.

O autor pode também criar outros mundos para si,

que, menos fantásticos que os do universo dos contos de fadas, se apartam do mundo real pela aceitação de seres espirituais mais elevados, demônios ou espíritos de mortos. Todo estranho, que poderia aderir a essas formas, então se dissipa, à medida mesma que se estende às premissas dessa realidade poética. As almas do "Inferno" de Dante ou as aparições de espíritos no *Hamlet*, em *Macbeth* e no *Júlio Cesar* de Shakespeare podem ser um tanto sombrias e amedrontadoras, mas no fundo são tão pouco estranhas como o sereno mundo dos deuses de Homero. Nós adaptamos nosso juízo às condições dessa realidade forjada por esses autores criativos, e tratamos almas, espíritos e espectros como se fossem existências de pleno direito, como o somos nós mesmos na realidade material. Também nesse caso o estranho não deve estar presente.

Algo diferente se tem quando o autor se posiciona, em aparência, no campo da realidade comum. Ele aceita todas as condições para o surgimento do estranho com validade no vivenciar, e tudo o que exerce efeito estranho na vida exerce também na criação literária. Mas nesse caso o autor pode acrescentar e multiplicar o estranho muito além da medida que é possível no vivenciar, uma vez que ele permite acontecimentos que na realidade da experiência não ocorreriam ou ocorreriam muito raramente. Em certa medida, ele denuncia em nós superstições que tínhamos por ultrapassadas; ele nos trai ao nos prometer a realidade e ir além dela. A essas ficções reagimos como se tivéssemos de reagir a nossas próprias vivências; quando percebemos o engodo, já é tarde, e o autor já chegou àquela que era a sua intenção, mas tenho de afirmar que ele não chegou a causar um efeito puro. Em nós permanece um sentimento de insatisfação, uma espécie de ressentimento quanto à ilusão intentada, como

O ESTRANHO

eu mesmo registrei com particular nitidez após a leitura de *A profecia*, narrativa de Schnitzler, e de semelhantes produções que se enlanguescem para o miraculoso com uma piscada de olho. O autor tem ainda um meio à disposição, pelo qual ele suprime essa inclinação, ao mesmo tempo que pode melhorar as condições para realizar seu intento. Consiste em, por um longo tempo, não deixar-nos entrever quais premissas ele efetivamente escolheu para o mundo aceito por ele, ou ir deixando para o final tal esclarecimento decisivo, fazendo uso de toda a sua habilidade e de sua astúcia. Mas, de modo geral, se substancia o caso anunciado até aqui, uma vez que a ficção cria novas possibilidades de sentimento do estranho, que haviam sido deixadas para trás no vivenciar.

Se tomadas estritamente, todas essas multiplicidades se relacionam tão somente ao estranho, ao que surge do superado. O estranho advindo de complexos recalcados é mais resistente, e permanece na criação literária — abstraindo das condições — tão estranhamente como no vivenciar. O outro estranho, que advém do superado, revela esse caráter no vivenciar e na criação literária, que se posiciona no campo da realidade material, mas pode perdê-lo nas realidades fictícias, criadas pelo escritor.

É evidente que as liberdades do autor e, com isso, as prerrogativas da ficção não se esgotam na provocação e na obstrução do sentimento estranho pelas observações precedentes. Ante o vivenciar, nosso comportamento é de modo geral constantemente passivo e nos submetemos à ação do material. Mas para o escritor somos particularmente suscetíveis ao modo como nos conduz; pela disposição que nos instila; pelas expectativas que suscita em nós, ele pode desviar nossos processos de sentimento de um resultado e ajustá-lo em outro, e com o mesmo material não raro pode obter outros efeitos. Tudo isso é de há muito conhecido, e é provável que tenha recebido tratamento pormenorizado dos especialistas em estética. Arvoramo-nos nesse campo de pesquisa sem uma intenção definida, já que renunciamos à tentativa de esclarecer a discrepância de determinados exemplos ante nossa dedução do estranho. É também por isso que desejamos voltar a alguns desses exemplos.

Havíamos perguntado por que a mão cortada em "O tesouro de Rhampsenit" não exercia o mesmo efeito estranho que na *História da mão decepada*, de Hauff. A pergunta agora nos parece mais oportuna, já que reconhecemos a maior resistência do estranho advindo da fonte de complexos recalcados. A resposta que se pode dar não é difícil. Segundo ela, nessa narrativa não nos acomodamos aos sentimentos da princesa, mas à astúcia do "ladrão mestre". A princesa pode não ter sido poupada do sentimento do estranho, queremos ter por crível que ela tenha desmaiado, mas não pressentimos nada estranho, pois não nos colocamos no lugar dela, e sim no do outro. Por outra constelação somos poupados da impressão do estranho na farsa de Nestroy *Der Zerrissene*, quando o fugitivo, tomado por um assassino, vê surgir diante dele, em cada escotilha que levanta, o suposto fantasma de sua vítima, e grita, em desespero: "Mas eu assassinei um só! De onde vem essa multiplicação abominável?". Conhecemos as condições prévias dessa cena, não compartilhamos do erro do "Despedaçado", razão pela qual o que para ele só pode ser estranho produz em nós um efeito irresistivelmente cômico. Até mesmo um espectro "real" como o do conto de Oscar Wilde *O fantasma de Canterville* deve ser desprovido de todas as suas pretensões, pelo menos das de provocar terror, quando o autor jocosamente se

O ESTRANHO

põe a ironizá-lo e a fazer troça dele — tal é a independência que, no mundo da ficção, o efeito emocional pode alcançar em relação à escolha do material. No universo dos contos de fadas, não são despertados sentimentos de medo, tampouco sentimentos do estranho. Nós o compreendemos, e por isso passamos por alto todas as ocasiões em que algo do gênero seria possível.

Já nada podemos dizer sobre a solidão, o silêncio e a obscuridade, uma vez que são esses realmente os fatores a que estão atrelados os medos infantis jamais extintos na maioria das pessoas. De tais problemas a pesquisa psicanalítica se ocupou em outra ocasião.

O poeta e o fantasiar

Os leigos como nós desde sempre se viram fortemente impelidos a saber de onde essa notável personalidade, que é a do escritor, extrai seu material — algo no sentido da pergunta que aquele cardeal dirigiu a Ariosto —, e como ele disso se aproveita para provocar em nós estimulações, das quais por nós mesmos talvez não fôssemos capazes. Em compensação, nosso interesse só se faz amplificar pela circunstância segundo a qual o próprio poeta, se por nós questionado, não nos dá nenhuma informação, ou nenhuma que seja satisfatória, e de modo algum se mostra perturbado pelo nosso conhecimento, já que a melhor compreensão das condições de escolha do material poético e da essência da arte de configuração poética em nada contribui para nos fazermos poetas.

Se ao menos pudéssemos descobrir em nós ou em nossos pares uma atividade de algum modo aparentada ao fazer poesia! A própria investigação nos faria esperar obter um primeiro esclarecimento sobre a produção poética. Na verdade, para tanto vislumbramos uma perspectiva; — são os próprios poetas que gostam de reduzir a distância entre sua peculiaridade e a essência humana em geral; com muita frequência nos garantem que em todo homem se esconde um poeta e que o último poeta só morrerá com o último homem.

Não será o caso de buscar os primeiros vestígios da

atividade poética já entre as crianças? Para elas, a ocupação preferida, e a que mais intensamente se dedicam, é o brincar. Talvez devêssemos dizer: toda criança que brinca se porta como um poeta, uma vez que ela cria para si o seu próprio mundo, ou, para dizer com mais precisão, transpõe as coisas de seu mundo para uma nova ordem, que lhe agrada. Seria incorreto pensar que a criança não leva este mundo a sério; ao contrário: leva tão a sério a sua brincadeira, que nela investe grandes cargas de afeto. O contrário do jogo não é a seriedade, e sim a realidade. Apesar de todo o investimento afetivo, a criança consegue muito bem diferenciar o seu universo de brincadeiras e a realidade, e com seus objetos e relações imaginados gosta de imitar as coisas palpáveis e visíveis do mundo real. Essa imitação não se diferencia muito no "brincar" da criança e no "fantasiar".

Ora, o poeta faz o mesmo que a criança que brinca: cria um mundo de fantasia e o leva muito a sério; isto é, ele o provê de grande investimento afetivo, ao mesmo tempo em que nitidamente o separa da realidade. E a linguagem conserva esse parentesco entre as brincadeiras em que a criança atua e o produzir poesia, uma vez que, em referência às atuações, tem-se pela palavra *Spiele* [jogos] as encenações do poeta que necessitam de apoio nos objetos palpáveis, estes sendo passíveis de representação, como brincadeira ou jogo: *Lustspiel* [comédia], *Trauerspiel* [tragédia], a pessoa que as representa sendo designada *Schauspieler* [ator]. Mas também da irrealidade do universo poético resultam muitas consequências importantes para a técnica artística, pois muito do que na condição de real não poderia trazer satisfação pode fazê-lo no jogo da fantasia, e muitas emoções em si dolorosas podem ser fonte de prazer para o auditório e ouvinte do poeta.

Em virtude de outra relação nos demoraremos ainda um instante na oposição entre realidade e jogo. Quando, já crescida, a criança deixou de brincar, tendo animicamente se esforçado, no curso de décadas, para compreender a realidade da vida com a seriedade necessária, um dia ela pode cair numa disposição anímica que volte a suprimir a oposição entre jogo e realidade. O adulto pode recordar-se da elevada seriedade com que outrora exerceu seu jogo infantil e, ao equiparar suas ocupações pretensamente sérias àquelas brincadeiras infantis, lança por terra o fardo pesado: liberta-se da opressão insuportável que a vida impõe e dá a si o inefável prazer, conquista o ganho de prazer mais elevado do *humor*.

Assim, o adulto deixa de brincar. Aparentemente ele renuncia ao ganho pelo prazer que extraía do jogo. Mas quem conhece a alma humana sabe que quase não lhe haveria algo tão difícil como o renunciar ao prazer que um dia conheceu. Na verdade não podemos renunciar a nada; o que parece ser uma renúncia é na realidade uma formação substitutiva ou um sucedâneo. Desse modo, também o adulto, quando cessa de brincar, nada mais tem do que a imitação de objetos reais; em vez de jogar, agora ele fantasia. Constrói castelos de vento, criando o que se pode chamar de sonhar acordado. Creio que a maioria das pessoas, em momentos de sua vida, constrói fantasias. É um fato ao qual durante muito tempo não se atentou, razão pela qual não se fez justiça a seu significado.

O fantasiar do homem é menos fácil de observar do que os jogos das crianças. A criança brinca sozinha ou constrói com outras um sistema fechado para os propósitos do jogo, assim como não brinca para os adultos como se estes fossem espectadores, tampouco esconde deles suas brincadeiras. Mas o adulto se envergonha de seu fantasiar, oculta-o dos demais, cultiva-o como o que lhe é mais íntimo, e via de regra preferiria reconhecer seus defeitos a compartilhar suas fantasias. Por isso mesmo pode-se tomá-lo como o único a construir tais fantasias, sem sequer suspeitar da disseminação geral de criações bem semelhantes nas outras pessoas. Esse comportamento diferenciado do que joga e do que fantasia tem sua boa fundamentação nos motivos dessas atividades, uma sendo continuação da outra.

O jogo da criança era direcionado por desejos, e era-o efetivamente por um desejo que auxilia em sua educação: o desejo de ser grande e adulto. A criança brinca sempre de "ser grande", imita no jogo o que veio a conhecer na vida dos grandes. Ela não tem nenhum motivo para ocultar esse desejo. Algo diferente se passa com o adulto; por um lado, o que se espera dele é que já não jogue ou fantasie, mas que atue no mundo real; por outro, entre os desejos que produzem o fantasiar há muitos que é preciso esconder; eis por que ele se envergonha de seu fantasiar, como sendo infantil e interdito.

Seria o caso de se perguntar como se têm informações tão precisas sobre o fantasiar dos homens, uma vez que isso é tão sigilosamente encoberto. Bem, há um gênero de pessoas que conferem não a um deus, mas a uma deusa bastante severa — a necessidade — a missão de enunciar suas penas e alegrias. São os neuróticos, que ao médico, de quem esperam o restabelecimento pelo tratamento psíquico, devem confessar suas fantasias. Dessa fonte provém o nosso melhor conhecimento, e chegamos então à bem fundamentada conjectura segundo a qual os

O POETA E O FANTASIAR

nossos doentes só nos comunicam o que já poderíamos aprender com as pessoas saudáveis.

Então, passemos em revista algumas das características do fantasiar. Poder-se-ia dizer que o feliz não fantasia nunca; só o faz o insatisfeito. Desejos insatisfeitos são as forças pulsionais das fantasias, e cada fantasia individual é uma satisfação de desejo, uma correção da realidade insatisfatória. Os desejos impulsionantes são diferentes a depender do sexo, do caráter e das relações de vida da personalidade que fantasia. Facilmente podem ser agrupados segundo duas correntes principais: ou são desejos ambiciosos, que servem à exaltação da personalidade, ou são desejos eróticos. Nas mulheres jovens predominam quase exclusivamente os desejos eróticos, pois sua ambição, via de regra, é consumida por aspirações amorosas; nos homens jovens, tão urgentes quanto os desejos eróticos são os de ordem egoísta e de ambição. Mas não queremos acentuar a oposição entre ambas as orientações, e sim a sua frequente unificação; assim como em muitas imagens de altar, em um canto, pode haver o retrato de seu benfeitor, da mesma forma podemos, nas fantasias de ambição, descobrir em algum canto a dama para a qual aquele que fantasia realiza todos os seus atos heroicos, e a cujos pés deposita todos os seus feitos exitosos. Veem vocês que temos motivos suficientemente fortes para a ocultação; de um modo geral, à mulher bem-educada se concede um mínimo de necessidade erótica, e o homem jovem deve aprender a sufocar uma desmesura de sentimento de si, que ele traz dos mimos em que foi envolvido na infância, para fins de adaptação a uma sociedade tão rica em indivíduos com semelhantes pretensões.

Guardemo-nos de representar como estáticos e imutáveis os produtos dessa atividade fantasiadora, em suas

ESCRITOS SOBRE LITERATURA

fantasias individuais, castelos de vento ou sonhos de vigília. Estes mais se acomodam às impressões de vida mutáveis, alteram-se com toda e qualquer oscilação das condições de vida, acolhidos a cada impressão nova e operante de uma assim chamada "marca temporal". A relação da fantasia com o tempo é de modo geral muito significativa. Poder-se-ia dizer: uma fantasia como que paira em três tempos, que são os três momentos temporais de nosso representar. O trabalho anímico se atrela a uma impressão atual, a um ensejo que, neste instante, tem condições de despertar um dos grandes desejos da pessoa, e este remonta à lembrança de uma vivência anterior, o mais das vezes infantil, na qual aquele desejo era satisfeito e produzia-se uma situação referente ao futuro, que se constituía como satisfação do desejo, precisamente do sonho acordado ou da fantasia, que traz em si os vestígios de sua origem enquanto motivo e lembrança. Portanto, o passado, o presente e o futuro se enfileiram no cordão do desejo que os percorre.

O mais banal dentre os exemplos pode lhes tornar mais clara a minha exposição. Tome-se o caso de um jovem pobre, órfão desamparado, ao qual se passou o endereço de um empregador, que talvez lhe pudesse dar uma colocação. Eis que no caminho o jovem se deixa sonhar acordado e imagina algo adequado àquela situação. O conteúdo da fantasia era algo como se ele viesse a cair nas graças do novo chefe, se tornasse indispensável nos negócios, fosse cooptado pela família de seu senhor, casasse com a atraente filhinha da casa, para então se fazer coproprietário e, na continuidade, passar à frente dos negócios. Com isso o jovem sonhador substitui o que ele possuía na infância feliz: uma casa que o protegia, pais amorosos e os primeiros objetos de suas inclinações afeti-

O POETA E O FANTASIAR

vas. Nesse exemplo, pode-se ver como o desejo se utiliza de uma ocasião do momento presente, esboçando para si, segundo o padrão do passado, uma imagem de futuro.

Haveria ainda muito a se dizer sobre as fantasias, porém me limitarei às alusões mais breves. O caráter das fantasias, que sufocam e se tornam irresistíveis, produz as condições para que se caia na neurose ou na psicose. As fantasias são também os próximos estágios anímicos dos sintomas de sofrimento, dos quais se queixam nossos pacientes. E aqui temos o afluir de um amplo atalho para a patologia.

No entanto, não posso ignorar a relação das fantasias com o sonho. Também nossos sonhos noturnos nada mais são do que fantasias, que podemos tornar evidentes pela interpretação dos sonhos. Em sua insuperável sabedoria, a linguagem já há muito se decidiu pela essência dos sonhos, fazendo chamar também de "sonhos diurnos" as criações no ar feitas por quem fantasia. Se, apesar dessa indicação de sentido, nossos sonhos continuam a parecer o mais das vezes obscuros, isso se deve a uma única circunstância: tal como acontece à noite, são em nós acionados os sonhos de que nos envergonhamos e que temos de ocultar de nós mesmos, razão pela qual os recalcamos, empurrando-os para o inconsciente. A esses desejos recalcados, bem como a seus rebentos, só se pode permitir uma expressão gravemente desfigurada. Com a bem-sucedida elucidação da *desfiguração do sonho* pelo trabalho científico, já não é difícil reconhecer que os sonhos noturnos, tal como os sonhos diurnos — estas fantasias bem conhecidas de todos nós —, são satisfações de desejos.

Basta de fantasias! Passemos agora ao poeta. Podemos realmente fazer a tentativa de comparar o poeta com o "sonhador à luz do dia", e suas criações com o sonhar acordado? De imediato se impõe uma primeira diferenciação, entre os autores que criam com base em materiais prontos e aceites, como os antigos épicos e trágicos, e aqueles que parecem criá-los livremente. Vamos nos deter nesses últimos, buscando para a nossa comparação não exatamente aquele autor tido em alto conceito pela crítica, mas sim o despretensioso narrador de romances, novelas e histórias, apreciados por ávidos e numerosos leitores e leitoras. Nas criações desses narradores um traço nos salta aos olhos: todos têm um herói para o qual o autor procura, por todos os meios, angariar simpatia, e ao qual ele parece proteger com uma providência especial. Se, ao final do capítulo de um romance, deparo com o herói inconsciente e sangrando em virtude de graves ferimentos, posso estar certo de que, ao iniciar o capítulo seguinte, irei encontrá-lo sob zelosos cuidados e em vias de restabelecimento; e se o primeiro volume acaba com o naufrágio do navio em uma tormenta, e nesse navio se encontra o nosso herói, posso ter a certeza de que no início do segundo volume lerei sobre o seu miraculoso salvamento, sem o que o romance não teria continuidade. O sentimento de segurança com que acompanho os heróis em seu perigoso destino é bem aquele que leva o verdadeiro herói a se lançar às águas para salvar quem está se afogando, ou se expor a fogo inimigo para tomar de assalto uma bateria. É o autêntico sentimento do herói, ao qual um de nossos melhores autores dramaturgos, Anzengruber, emprestou a deliciosa expressão: "Nada lhe acontecerá". Mas penso que, junto a esses indícios traiçoeiros de invulnerabilidade, pode-se facilmente reconhecer Sua Majestade o eu, o herói de todo sonhar acordado, bem como de todos os romances.

O POETA E O FANTASIAR

Ainda outros traços típicos dessas narrativas egocêntricas apontam para igual parentesco. Se sempre acontece que todas as mulheres do romance se apaixonam pelo herói, isso dificilmente pode ser apreendido como descrição da realidade, mas facilmente pode ser compreendido como um patrimônio necessário do sonhar acordado. O mesmo se tem quando as outras personagens do romance são nitidamente separadas em boas e más, no que se renuncia à variedade de matizes das características humanas que se observam na realidade; em relação ao eu tornado herói, os "bons" são necessariamente os que salvam, enquanto os maus são seus inimigos e concorrentes.

De modo algum queremos ignorar que muitas criações poéticas em muito se distanciam do modelo ingênuo do sonho acordado, mas não posso abafar a conjectura de que também os desvios mais extremados podem ligar-se a esse modelo mediante uma série de transições contínuas. E ainda, em muitos dos chamados romances psicológicos, me chamou a atenção que apenas uma pessoa, invariavelmente o herói, é descrita de dentro; em sua alma, por assim dizer, se assenta o poeta, contemplando as outras pessoas de fora. O romance psicológico indubitavelmente deve muito de sua peculiaridade à tendência do autor moderno de cindir o eu, por observação de si, em eus parciais e, em consequência disso, personificar em vários heróis as correntes de conflito de sua vida anímica. Em especialíssima oposição ao tipo de sonho diurno, aparecem os romances que poderiam ser caracterizados como "ex-cêntricos", nos quais a personagem introduzida como herói desempenha o papel menos ativo, muito mais como um espectador que vê passarem diante de si os feitos e sofrimentos dos outros. Tem esse caráter

ESCRITOS SOBRE LITERATURA

a maior parte dos romances tardios de Zola. No entanto, devo observar que a análise psicológica dos indivíduos não poetas, que em tantos pontos se desviam da assim chamada norma, tem nos ensinado sobre variações análogas do sonho diurno, em que o eu se aparta do papel do espectador.

Para que se faça valer a nossa comparação do poeta com o que sonha acordado, da criação poética com o sonho diurno, ela de algum modo deve se mostrar profícua. Podemos tentar algo como empregar a tese apresentada há pouco, da relação da fantasia com os três tempos e do desejo que os perpassa no trabalho do escritor, e estudar, também com sua ajuda, a relação entre a vida do escritor e suas criações. Via de regra não se sabe com quais representações de expectativas é o caso de abordar esse problema; frequente é representar essa relação de maneira por demais simplificada. Valendo-nos do exame obtido pelas fantasias, devemos esperar pelo seguinte estado de coisas: uma vivência fortemente atual desperta no poeta a lembrança de uma vivência anterior, o mais das vezes pertencente à sua infância, que na poesia produz a sua satisfação; a própria poesia permite reconhecer tanto os elementos da ocasião em questão como os da antiga lembrança.

A complexidade dessa fórmula não deve assustá-los; suponho que ao final ela dará provas de ser um esquema por demais escasso, mas uma primeira abordagem das circunstâncias reais poderia bem estar contida em tal esquema, e após algumas tentativas, que empreendo aqui, sou levado a pensar que esse modo de considerar as produções poéticas não deve ser descartado como improfícuo. Não devemos esquecer que a ênfase talvez surpreendente da lembrança infantil na vida do poeta se deduz,

O POETA E O FANTASIAR

antes de qualquer outra coisa, do pressuposto de que a poesia, assim como o sonho de vigília, vem a ser uma continuação e um substitutivo da brincadeira infantil de outrora.

Não devemos deixar de recorrer àquela classe de poemas nos quais vislumbramos não criações livres, e sim elaborações de materiais prontos e conhecidos. Também nestas permanece no poeta um traço de autonomia, que se deixa manifestar na escolha do material e em sua modificação, que é frequentemente ampla. Mas este material é dado, se origina no tesouro popular de mitos, sagas e lendas. Ora, a indagação sobre essas imagens da psicologia popular de modo algum está concluída, mas, citando como exemplo o que diz respeito aos mitos, é completamente provável que eles correspondam a vestígios desfigurados de fantasias de desejo de nações inteiras, de sonhos seculares da jovem humanidade.

Vocês poderão dizer que lhes falei muito mais de fantasias do que do poeta, que no entanto antepus no título de minha exposição. Sei disso, e, pela menção do estado atual de nosso conhecimento, eu tentaria justificar-me. Eu poderia trazer até vocês apenas estímulos e provocações, que se alastram do estudo das fantasias para o problema da escolha do material poético. Ao outro problema, qual seja, com que recursos o poeta provoca em nós impressões afetivas por meio de suas criações, não fizemos qualquer alusão. Eu gostaria pelo menos de mostrar a vocês qual via de nossas elucidações conduz das fantasias aos problemas do efeito poético.

Vocês devem lembrar-se de que, como dizíamos, aquele que sonha acordado se esmera em ocultar dos outros suas fantasias, pois sente haver motivos para se envergonhar delas. E agora acrescento que, mesmo se ele

ESCRITOS SOBRE LITERATURA

as partilhasse conosco, não nos proporcionaria nenhum prazer com tal revelação. Quando experimentamos essas fantasias, sentimos aversão por elas, ou mantemos uma frieza distante. Mas quando o poeta joga para nós o seu jogo, como se fôssemos espectadores, ou quando relata, como seus sonhos diurnos e pessoais, o que nós mesmos estaríamos inclinados a expor, sentimos elevado prazer, cujas muitas fontes provavelmente se confundem. Como o autor realiza tal coisa, eis aí o segredo que lhe é mais particular. Na técnica de superação de tal repulsa, por certo relacionada às barreiras que se erguem entre todo eu individual e os outros, reside a verdadeira *Ars poetica*. Podemos entrever duas classes de técnica: o poeta atenua o caráter egoísta do sonho diurno mediante modificações e encobrimentos e nos seduz por um ganho de prazer puramente formal, ou seja, estético. Chamamos de *prêmio de incentivo*, ou de *prazer prévio*, ao ganho de prazer que nos é oferecido para com ele possibilitar o desprendimento de mais prazer de fontes psíquicas profundas e copiosas. Sou da opinião de que todo prazer estético, que nos é proporcionado pelo poeta, traz em si o caráter dessa perda, e que o verdadeiro desfrute do trabalho do poeta advém da libertação de tensões anímicas. Talvez em não pouca medida contribua para esse resultado o fato de o poeta nos inserir em uma posição em que desfrutamos de nossas próprias fantasias sem qualquer censura ou vergonha. Aqui estaríamos às portas de investigações novas, interessantes e complexas, mas, pelo menos desta vez, chegamos ao final destas elucidações.

Uma lembrança infantil de «Poesia e Verdade»

A irmã que veio depois de Goethe, Cornelia Friederica Christiana, nasceu em 7 de dezembro de 1750, quando ele contava quinze meses de vida. Em razão dessa reduzida diferença de idade, está excluída a possibilidade de ela ter sido objeto de ciúmes. Sabe-se que as crianças, no despertar de sua paixão, nunca desenvolvem reações tão violentas contra os irmãos que já encontram, a sua aversão sendo direcionada aos que vêm depois. Além disso a cena, de cuja interpretação nos ocupamos, não é compatível com a tenra idade de Goethe no momento do nascimento de Cornelia, nem mesmo pouco depois.

Por ocasião do nascimento do primeiro irmão varão, Hermann Jakob, Johann Wolfgang tinha três anos e três meses. Cerca de dois anos depois, contando aproximadamente cinco anos de idade, nasceu sua segunda irmã. Uma e outra diferença de idade podem ser levadas em conta para a datação da quebradeira das louças; é provável que se deva privilegiar o primeiro; ele teria mais afinidade com o caso de meu paciente, que tinha por volta de três anos e nove meses quando lhe nasceu o irmão. É de admirar que a autobiografia do irmão mais velho não traga nem uma palavra sobre esse irmão.[1] Ele teria

---

1. [Adendo de 1924:] Aproveito a oportunidade para retificar uma afirmação incorreta, que não deveria ter sido emitida. Em passagem

ESCRITOS SOBRE LITERATURA

cerca de seis anos e Johann Wolfgang estava próximo dos dez. Sobre esse assunto, as notas que me foram postas à disposição tecem as seguintes considerações:

Também o pequeno Goethe não se mostrou muito ressentido com a morte de um irmãozinho. Ao menos é o que relata sua mãe, segundo o testemunho de Bettina Brentano: "A mãe achou estranho que ante a morte de Jakob, o irmão mais novo, que era seu companheiro de brincadeiras, ele não vertera uma lágrima sequer, e por sinal pareciam incomodá-lo os lamentos de seus pais e irmão; quando a mãe, algum tempo depois, perguntou ao casmurro se ele não tinha amado a seu irmão, ele correu para o seu quarto, puxou de sob a cama uma série de papéis onde lições e histórias haviam sido escritas, e ele disse a ela que havia feito tudo aquilo para ensinar ao irmãozinho". O irmão mais velho sempre desempenhara o papel de pai em relação ao mais novo, e lhe demonstrara a sua superioridade.

Portanto, podemos aqui constituir a opinião de que as louças lançadas teriam sido uma ação simbólica, ou, de maneira mais precisa: uma ação mágica, pela qual a criança (Goethe, tal como o meu paciente) expressa de maneira vigorosa o seu desejo de afastamento do intruso causador de incômodos. Não é preciso manifestar repulsa à satisfação da criança com o despedaçamento dos objetos; se uma ação traz prazer por si mesma, isso não é nenhum impedimento, mas antes uma tentação para que ela a repita a serviço de outros propósitos. Mas não acreditamos que o prazer em fazer tilintar e quebrar possa garan-

---

posterior desse primeiro livro, o irmão mais novo não só é mencionado, como é descrito. Isso quando se faz referência a uma penosa enfermidade infantil, sob a qual também esse irmão "não sofreu pouco". "Ele era de natureza terna, quieto e obstinado. Não chegamos a ter propriamente uma relação, até porque ele mal sobreviveu aos anos da infância."

UMA LEMBRANÇA INFANTIL DE «POESIA E VERDADE»

tir a essas traquinagens infantis um lugar duradouro na lembrança do adulto. Tampouco nos opomos a complicar a motivação da ação adicionando ainda outro elemento. A criança, que espatifa as louças, está ciente de que está fazendo algo ruim, pelo qual os adultos irão repreendê-la; se ela não se deixa deter ao saber disso, provavelmente está se comprazendo em um sentimento de animosidade para com os pais: ela quer mostrar-se má.

O prazer do quebrar e pelo quebrado também seria satisfeito se a criança se limitasse a lançar os frágeis objetos ao chão. A única explicação estaria no "lançar fora", para a rua, pela janela. Mas este "para fora" parece uma peça essencial da ação mágica e deriva de seu sentido oculto. É preciso desfazer-se da nova criança, possivelmente pela janela, pois pela janela foi que ela chegou. Toda a ação equivaleria então àquela reação verbal de uma criança, que conhecemos bem, quando se conta a ela que a cegonha trouxe um irmãozinho. "Leva de volta!", é a resposta.

Entretanto, não vamos querer negar quão delicado é — a prescindir de todas as incertezas internas — fundamentar a interpretação de uma ação infantil em uma única analogia. Por isso, durante anos me detivera em minha concepção da pequena cena de *Poesia e verdade*. E aconteceu de um dia eu receber um paciente que iniciou a sua análise com as frases a seguir, as quais retive textualmente:

Sou o mais velho de oito ou nove irmãos.[2] *Uma de minhas primeiras lembranças é de meu pai, sentado de pijamas em sua*

---

2. Ainda que se deva a uma distração, o erro aqui é digno de nota. Dificilmente se pode rechaçar que ele teria sido induzido a ela já por sua tendência a eliminar o irmão. [Cf. Ferenczi, *Über passagere Symptombildungen während der Analyse*. Zentralbl. f. Psychoanalyse II, 1912.]

ESCRITOS SOBRE LITERATURA

cama, contando-me sorrindo que eu ia ganhar um irmãozinho. Eu tinha na época três anos e nove meses; tão grande é a diferença de idade entre mim e o irmão que vem depois de mim. Então eu sei que, pouco tempo depois disso (ou teria sido um ano antes?),[3] *joguei pela janela uma série de objetos, escovas — ou seria apenas uma escova? — sapatos e outros objetos. Tenho também uma lembrança anterior a essa. Eu estava com dois anos e passei a noite com meus pais em um quarto de hotel em Linz, em viagem para Salzkammergut. Durante aquela noite estive de tal maneira inquieto e fiz tamanha balbúrdia, que meu pai teve de me bater.*

Com essa declaração, eu abro mão de toda e qualquer dúvida. Quando na atitude analítica duas coisas seguem imediatamente uma à outra, como que trazidas em um só sopro, devemos converter essa semelhança em conexão. Assim foi, como se o paciente tivesse dito: "Porque eu fiquei sabendo que ia ter um irmão, algum tempo depois joguei aquelas coisas na rua". O lançar fora de escovas, sapatos etc. se dá a reconhecer como reação ao nascimento do irmão. É digno de apreciação que os objetos arremessados nesse caso não eram louças, mas outras coisas, provavelmente as que podiam ser alcançadas pela criança... O ato de jogar fora (pela janela para a rua) evidencia-se assim como algo essencial à ação, o prazer de quebrar, de fazer tilintar — o tipo de coisas em que "a execução é realizada", inconstante e inessencial.

Naturalmente, a exigência da execução vale também para a terceira lembrança infantil do paciente, que, mesmo sendo a mais primeva, é impelida para o fim da série. Trata-se de uma exigência fácil de cumprir. Nós entendemos que a criança de dois anos estava inquieta

---

3. O próprio paciente voltou atrás e suprimiu essa dúvida, que corroía, ao modo de resistência, o ponto essencial de sua confidência.

UMA LEMBRANÇA INFANTIL DE «POESIA E VERDADE»

por não conseguir suportar o pai e a mãe juntos na mesma cama. É claro que durante a viagem não se poderia evitar que a criança se convertesse em testemunha dessa união. Dos sentimentos, que então se agitavam no pequeno ciumento, permaneceu o ressentimento contra a mulher, que teve como consequência um duradouro distúrbio em seu desenvolvimento afetivo.

Quando, após manifestar ambas as experiências no círculo da Sociedade Psicanalítica [de Viena], aventei que ocorrências desse gênero não seriam raras entre as crianças pequenas, pus à disposição da sra. dra. Von Hug-Hellmuth as duas observações que apresento a seguir:

I

Com cerca de três anos e meio, o pequeno Erich "de repente" adquiriu o hábito de jogar pela janela tudo de que não gostasse. Mas passou a fazer isso até com objetos que não o estorvavam nem lhe diziam respeito. Foi bem no dia do aniversário do pai — quando ele tinha três anos e quatro meses e meio — que ele lançou um pesado rolo de macarrão (sorrateiramente o havia arrastado da cozinha para o quarto) por uma janela do terceiro pavimento da casa. Dias depois se seguiram um morteiro, e então um par de pesadas botas de montanhismo[4] do pai, que ele primeiro teve de tirar da caixa.

Então a mãe, no sétimo ou oitavo mês de gravidez, teve um *fausse couche*[aborto espontâneo], e nisso a criança se mostrou "como que alternadamente comportada e ternamente quieta". No quinto ou sexto mês dizia repetidas vezes à mãe: "Mamãe, eu pulo na sua barriga" ou

---

4. Ele sempre escolhia objetos mais pesados.

"Mamãe, aperto a sua barriga". E pouco antes do *fausse couche*, em outubro: "Já que eu tenho de ter um irmãozinho, que pelo menos seja depois do Natal".

II

Uma jovem senhora de dezenove anos trouxe espontaneamente como a mais remota lembrança infantil:

Eu me vejo terrivelmente malcriada, a ponto de sair me arrastando pelo chão e ficar sentada sob a mesa da sala de jantar. Sobre a mesa está a minha xícara de café — ainda tenho nitidamente diante dos olhos os desenhos da porcelana —, e lembro-me de querer jogá-la pela janela, bem no instante em que vovó entrava no quarto.

Ninguém estava se importando comigo, e nesse meio tempo no café se formou uma "pele", que sempre me deu medo; até hoje dá.

Nesse dia nascia o meu irmão, dois anos e meio mais novo do que eu. Por isso ninguém tinha tempo para mim.

Sempre me contam que nesse dia eu estava insuportável; no almoço eu jogara para fora da mesa o copo preferido de papai; durante o dia várias vezes eu sujei minha roupinha, e de manhã até a noite o meu humor foi o pior possível. De tanta raiva, até a minha bonequinha de banho eu acabei destruindo.

Um e outro caso praticamente dispensam comentários. Sem maiores esforços analíticos, eles confirmam que o ressentimento da criança ante a aparição esperada ou já consumada de um concorrente se expressa no arremessar de objetos pela janela como também por outros atos de maldade e de compulsões destrutivas. Na primeira observação, os "objetos ruins" simbolizam precisamente a própria mãe, para a qual se direciona a ira da criança,

UMA LEMBRANÇA INFANTIL DE «POESIA E VERDADE»

uma vez que o irmão ainda não está lá. O garoto de três anos e meio sabe da gravidez da mãe e não tem dúvida de que ela aloja uma criança em seu ventre. Com isso pode-se lembrar do "pequeno Hans"[5] e do medo, que lhe era peculiar, de carroças pesadamente carregadas.[6] Na segunda observação, é interessante notar a idade da menina: dois anos e meio.

Se agora retornamos à lembrança infantil de Goethe e a substituímos, na passagem que a refere em *Poesia e verdade*, segundo o que acreditamos ter decifrado pela observação das outras crianças, produz-se uma conexão de pensamentos a que não se pode objetar e que de outro modo não teríamos descoberto. Seria a seguinte: "Eu fui uma criança feliz; o destino me conservou com vida, ainda que eu tivesse vindo ao mundo como um morto. O mesmo destino eliminou meu irmão, de modo que eu não precisei dividir o amor de minha mãe com ele". E então prossegue a via do pensamento para outra morte daquelas épocas remotas: a avó, que habitava outra parte da casa como um espírito amistoso e tranquilo.

---

5. "Análise de uma fobia em um menino de cinco anos" [*Analyse der Phobie eines fünfjährigen Knaben*]; Bd. Por Vol.

6. Já faz algum tempo, uma senhora de seus cinquenta e poucos anos produziu em mim mais uma confirmação para essa simbologia da gravidez. Haviam lhe contado repetidas vezes que ela, quando criança, ainda mal sabia falar, chamava o pai à janela sempre que pela rua passasse um pesado caminhão de mudanças. Levando em conta as lembranças das casas em que morou, pode-se afirmar que na época ela teria não mais do que dois anos e nove meses. Foi quando nasceu o irmão que veio imediatamente depois dela. Em consequência desse aumento de família, seria necessário mudar de casa. Mais ou menos ao mesmo tempo, era frequente que antes de dormir ela tivesse a angustiante sensação de algo sinistramente grande, que vinha a seu encontro, e então "suas mãos [as dela] ficavam enormes".

Em outra passagem expressei-me da seguinte forma: quando se foi o dileto indiscutível da mãe, por toda a vida conservará aquele sentimento de conquistador, aquela confiança no êxito, que não raras vezes realmente impele para o êxito. E uma observação do seguinte gênero: "minha força tem suas raízes na relação com a mãe" — assim teria Goethe, com todo o direito, iniciado a sua autobiografia.

Romance familiar do neurótico

No indivíduo adulto, a substituição da autoridade parental é dos resultados mais necessários, mas também mais dolorosos, do desenvolvimento. É de todo necessário que ela se realize, e deve-se supor que todos os que chegaram a uma normalidade na idade adulta realizaram-na em certa medida. Sim, o desenvolvimento da sociedade reside sobretudo nessa oposição entre ambas as gerações. Há, porém, uma classe de neuróticos em cuja condição deve se reconhecer o fracasso na realização dessa tarefa.

Para a criança pequena os pais são, antes de mais nada, a autoridade única e fonte de todas as crenças. O desejo mais intenso, e também o de consequências mais sérias, é o de tornar-se grande como o pai ou como a mãe, que lhe são o elemento do mesmo sexo. Mas isso não pode persistir ante o crescente desenvolvimento intelectual, uma vez que paulatinamente a criança passa a conhecer as categorias a que pertencem seus pais. Passa a conhecer outros pais, compara-os com os seus, e com isso adquire o direito de pôr em dúvida as qualidades únicas e incomparáveis que lhes atribuíra. Pequenos acontecimentos na vida da criança, que lhe causam descontentamento, são motivo para se criticar os pais, e, valendo-se de algum conhecimento obtido, num ou noutro aspecto valorizar outros pais, em detrimento de seus próprios,

ESCRITOS SOBRE LITERATURA

dando continuidade a essa postura. Com base na neuropsicologia sabemos que para isso vêm colaborar, entre outras, as mais intensas moções de rivalidade sexual. O objeto de tais ensejos é manifestamente o sentimento de preterição. São frequentes os casos em que a criança é negligenciada, ou pelo menos se *sente* negligenciada, nos quais dá pela falta do pleno amor dos pais, e em particular, mas sobretudo, lamenta ter de partilhá-lo com outros irmãos. A sensação de que suas próprias inclinações não são de todo correspondidas logo se faz ventilar na ideia, não raro recordada conscientemente já desde a primeira infância, de que se é enteado ou adotado. Muitas pessoas que não se tornaram neuróticas recordam-se de tais episódios bastante bem e com notável frequência, nos quais — não raro em consequência de alguma leitura — foi dessa forma que interpretaram e responderam ao comportamento hostil dos pais. Mas aqui já se revela a influência do sexo, uma vez que o garoto demonstra francamente maior tendência a moções inamistosas para com seu pai do que em relação à mãe, inclinando-se com tanto mais intensidade a se pôr livre *dele* do que *dela*. Já nas meninas essa atividade fantasista tende a se mostrar bem mais atenuada. Nas moções anímicas dos anos de infância assim recordadas conscientemente encontramos o fator que nos possibilita a compreensão do mito.[1]

Raras vezes recordado de maneira consciente, mas quase sempre de modo passível de ser comprovado pela psicanálise, assim é o estágio posterior dessa alienação inicial com relação aos pais, o qual pode ser designado

---

1. Cf. Freud: "*Hysterisch Phantasien Und Ihre Beziehung Zur Bisexualität*" [*Fantasias histéricas e sua relação com a bissexualidade*], em que há também remissões à literatura sobre esse tema. [*Gesammelte Werke*, vol. VII.]

ROMANCE FAMILIAR DO NEURÓTICO

como romance familiar dos neuróticos. É essencialmente característica da neurose, como de todo e qualquer dom superior, uma particularíssima atividade de fantasia, que se manifesta em primeiro lugar nas brincadeiras infantis, para então, com início aproximado na fase da pré--puberdade, apoderar-se do tema das relações familiares. Exemplo característico desse fantasismo particular é a conhecida atividade do sonho diurno, que avança para muito além da puberdade. Uma observação precisa desses sonhos diurnos nos ensina que eles servem à satisfação de desejos, da retificação da vida, e conhecem sobretudo duas metas: a erótica e a ambiciosa (por trás da qual oculta-se muitas vezes a erótica). Por volta da idade já mencionada, a fantasia da criança ocupa-se da tarefa de se livrar dos menosprezados pais, e de substituí-los, via de regra, por outros, de posição superior na escala social. Nesse sentido se fazem valer os encontros casuais com vivências efetivas (o primeiro contato com o senhor do castelo ou com o proprietário de terras local, ou com os nobres, na cidade). Essas vivências casuais despertam a inveja da criança, que encontra sua expressão em uma fantasia pela qual ambos os pais são substituídos por outros, de linhagem mais nobre. A técnica de realização de tais fantasias, que naturalmente são conscientes à época, depende da destreza e do material que a criança tem à disposição. Trata-se por isso de realizá-las com maior ou menor empenho, a fim de obter verossimilhança. A esse estágio se chega em época na qual a criança ainda não se apercebeu dos condicionamentos sexuais de sua origem.

Soma-se a isso o conhecimento das diferenciadas relações sexuais entre pai e mãe; se a criança percebe que *pater semper incertus est*, enquanto a mãe é *certissima*, com isso os romances familiares experimentam curiosa

ESCRITOS SOBRE LITERATURA

limitação: ele se satisfaz precisamente com enaltecer o pai, enquanto, sendo algo inalterável a linhagem da mãe, não se deve continuar a pô-la em dúvida. Esse segundo estágio (sexual) do romance familiar também é conduzido por um segundo motivo, que não se encontra no primeiro estágio (assexual). Com o conhecimento dos processos sexuais surge a tendência a pintar as situações e relações eróticas, e para tanto se põe como força pulsional o prazer, e a mãe, objeto da mais elevada curiosidade sexual, é trazida à situação de infidelidade secreta e de secretas relações amorosas. Assim, aquelas fantasias, de certo modo assexuais, são trazidas à altura do entendimento atual.

De resto, o motivo da vingança e da retaliação, que antes ficava em primeiro plano, também aqui se revela. Essas crianças neuróticas costumam ser punidas pelos pais a título de correção de maus comportamentos sexuais, e deles se vingam mediante tais fantasias.

Caso bastante peculiar é o das crianças nascidas mais tarde, das quais o fato mais digno de nota é que roubam a primazia de seus predecessores por meio de imaginações desse tipo (bem ao modo das intrigas de que se tem registro na história), e é frequente não pouparem esforços em atribuir à mãe tantas relações amorosas quantos são seus concorrentes. Uma variação interessante desse romance familiar é a que se tem quando o herói fantasiador atribui legitimidade para si, ao mesmo tempo em que elimina como ilegítimos seus outros irmãos. Com isso, um interesse específico pode conduzir o romance familiar, que com suas múltiplas facetas e sua aplicabilidade variada vem ao encontro de toda sorte de esforços. Assim, o pequeno fantasista pode suprimir a relação de parentesco

ROMANCE FAMILIAR DO NEURÓTICO

com uma irmã, por quem, por acaso, ele se sinta sexualmente atraído.[2]

Aquele que, tomado de horror, desviar os olhos ante essa corrupção da índole infantil, querendo negar a possibilidade de tais coisas, a ele deve se fazer observar que todas essas imaginações aparentemente hostis na verdade não têm intenção tão maligna, e, sob uma roupagem mais leve, comprovam a ternura original da criança por seus pais, que se fez conservar. A infidelidade e ingratidão é apenas aparente; pois quando se perscruta em detalhes a mais frequente dentre essas fantasias romanescas, que é a substituição de ambos os pais ou somente do pai por indivíduos mais eminentes, descobre-se que esses pais novos e de nobre estirpe são munidos de traços provenientes dos pais reais e inferiores. Sim, a tendência, de um modo geral, de substituir o pai real por um de maior nobreza, nada mais é do que a expressão da nostalgia da criança por um tempo que se perdeu e era feliz, em que seu pai lhe aparecia como o mais valoroso e forte, e sua mãe como a mais amada e mais bela. A criança se volta do pai, que ela agora conhece, para aquele em que ela acreditou nos primeiros anos de sua infância, e a fantasia se revela mera expressão do lamento por aquele tempo feliz ter se esvanecido. Portanto, é de pleno direito que a superestimação dos primeiros anos da infância torne a surgir nessas fantasias. Uma contribuição interessante para esse tema resulta do estudo dos sonhos. É de modo semelhante que a interpretação dos sonhos ensina que mesmo nos anos subsequentes, quando sonhamos com as figuras de imperador ou imperatriz, tais insignes personagens significam

---

2. *Traumdeutung*, 8ª edição, p 242 [*Gesammelte Werke*, vol. II/III.]

pai e mãe. Assim, também no sonho do adulto normal é mantida a supervalorização infantil dos pais.

Posfácio

Noemi Moritz Kon

Sigmund Freud é figura incontornável do pensamento contemporâneo ocidental. Sua obra instaura, junto com a de Karl Marx, as duas discursividades[1] que determinam a nossa compreensão do mundo, e que estabelecem a sexualidade e o capital como instituintes das lógicas do prazer e do poder, lógicas que ordenam as relações entre os homens.

E isso, certamente, não é pouco.

A obra de Freud ganhou corpo e figura na criação cultural de nosso tempo, se imiscuindo e orientando a produção na arte — na literatura, no teatro e no cinema, evidentemente, mas também nas artes plásticas —, na filosofia, nas ciências humanas e biológicas. Fez-se presente em nosso cotidiano miúdo, dando novas significações para o nosso corpo — um corpo não só orgânico, mas principalmente erógeno e simbólico —, para nossa história e nossa infância, tanto a do indivíduo como a da civilização, para nosso pensar e para nossa percepção,

---

1. M Foucault, *O que é um autor?* Lisboa: Passagens/Vega, 2002. Nesta obra, Foucault discute o conceito de "instauradores de discursividade", pensadores que não são apenas autores de suas obras e de seus livros, mas, autores, como Freud e Marx, que "produziram a possibilidade e a regra de formação de outros textos". *in* M Foucault, "Qu'est-ce qu'um auteur?", Bulletin de la Société Française de Philosophie, 63 année, n.3, julho-setembro de 1969, pp 73–95.

ESCRITOS SOBRE LITERATURA

sempre configurados pela fantasia, para nossa memória, uma memória ativa e criadora e não mais um mero depósito de lembranças, para nossos movimentos, ações e afetos, plenos de significações, para nossos desejos e sonhos. A psicanálise funda uma subjetividade linguageira inédita, que questiona a supremacia da frágil razão, que desloca a centralidade ciosa do Eu, na afirmação do domínio do inconsciente, no vínculo que estabelece entre sanidade e loucura. Ela transforma nosso presente, assim como nosso passado e nosso futuro, pelo estabelecimento de uma causalidade retroativa, em que o futuro refaz o passado, e que permite, por meio da palavra e da narrativa de nossa história, a reapropriação singular e inaugural do sentido de nossa própria existência. Apresenta-se ainda como uma terapêutica com a potência de desarmar sintomas penosos pelo trabalho de testemunho do processo de desalienação que suscita, na admissão de nossos desejos, dos mais sublimes aos mais abjetos, no enfrentamento de nossos conflitos, com os outros e também com nós mesmos, sem, no entanto, adotar a impostura covarde frente à dor do humano, tão ao gosto do capitalismo sôfrego, pela invenção da doença e pela venda de supostos caminhos facilitados para a completude e a felicidade, atalhos que apenas nos anestesiam e descolorem a vida. Na contramão da pretensão alienante, Freud, com sua psicanálise, nos impeliu e nos impele a que nos aprimoremos na administração do desamparo, que nos constitui e que é a marca trágica do humano.

Esse campo do humano inaugurado pela psicanálise encontra reciprocidades no campo estabelecido pela literatura, áreas de produção de conhecimento que se alicerçam na potência de criação de realidades que a linguagem proporciona.

POSFÁCIO

"A linguagem", como escreve o filósofo francês Maurice Merleau-Ponty,

é, pois, este aparelho singular que, como nosso corpo, nos dá mais do que pusemos nela, seja porque apreendemos nossos próprios pensamentos quando falamos, seja porque os apreendemos quando escutamos outros. Quando escuto ou leio, as palavras não vêm sempre tocar significações preexistentes em mim. Têm o poder de lançar-me fora de meus pensamentos, criam no meu universo privado cesuras onde outros pensamentos podem irromper.[2]

PSICANÁLISE, ARTE E LITERATURA

A relação entre psicanálise e arte — a literatura em particular — é mais íntima, mas, também, mais conflituosa do que se poderia imaginar num primeiro olhar.

Ela tem uma história tão longa quanto a da própria disciplina psicanalítica e é marcada, ainda hoje, pelo diálogo tempestuoso que Sigmund Freud estabeleceu com as artes e com os artistas.

Freud, desde os escritos inaugurais da psicanálise, apoiou-se em produções artísticas, especialmente em imagens literárias, a fim de dar corpo e forma às suas próprias criações. São fundamentais as presenças das obras e das figuras de Sófocles, Shakespeare, Cervantes, Goethe e Schelling como disparadoras de diálogos fecundos e, até mesmo, como pilares importantes da aventura psicanalítica. Para qualquer estudioso da psicanálise é no mínimo intrigante a grande quantidade de citações e de correspondências que ligam a obra freudiana e seu criador à criação artística e aos próprios poetas de seu tempo: Mann, Schnitzler, Rolland, Zweig, entre outros,

---

2. M Merleau-Ponty. *Signes*. Paris: Gallimard, 1960.

ESCRITOS SOBRE LITERATURA

foram tomados por Freud como interlocutores privilegiados. Não deve, também, passar despercebido o fato de inúmeros comentadores terem realçado as qualidades literárias da escrita freudiana, comparando-a à dos melhores escritores de língua alemã.[3] Nesse sentido, não se trata de mera curiosidade o fato de que o único prêmio oficial recebido em vida por Freud tenha sido o Prêmio Goethe, na cidade de Frankfurt, em 1930, honraria que lhe foi concedida como escritor e cientista "em igual medida".[4] Chama, também, a atenção, o grande número de artigos escritos por Freud que, direta ou indiretamente, tomam uma obra de arte ou a vida de um artista, como tema a ser desenvolvido para que se avance na formulação de algum conceito psicanalítico.[5] Ou seja,

---

3. Ver, a este respeito, por exemplo, A Döblin, "Zum siebzigsten Geburtstag Sigmund Freud" ("No septuagésimo aniversário de Sigmund Freud"). *in Almanach für das Jahr 1927*; P Gay, "Sigmund Freud: um alemão e seus dissabores". *in Sigmund Freud e o gabinete do doutor Lacan*, P C Souza (org.). São Paulo: Brasiliense, 1990; W Muschg, "Freud escritor". *in La Psychanalyse*, vol. V, reimpressão em *Freud. Jugements et témoignages*, R Jaccard (org.). Paris: puf, 1976; T Mann, "Freud et l'avenir". *in Freud. Jugements et témoignages*, op.cit.; T Jones, *A vida e a obra de Sigmund Freud*. Rio de Janeiro: Imago, 1989, 3 volumes; P Mahony, *On Defining Freud's Discourse*. New Haven/London: Yale University Press, 1989; L Flem, *O homem Freud. O romance do inconsciente*. Rio de Janeiro: Campus, 1993, entre outros.

4. De Dr. Alfons Paquet, Secretário do Comitê do Prêmio Goethe em 26 de julho de 1930. Citado por P Gay em "Sigmund Freud: um alemão e seus dissabores". *in Sigmund Freud e o gabinete do doutor Lacan*, op. cit., p 23.

5. Não é o caso aqui de nos estendermos na relação de Freud com a arte e suas reflexões a respeito desta complexa questão. Muitos trabalhos tratam deste tema com a abrangência necessária. Mas é necessário apontar para o fato de que podemos encontrar, recorrentemente, na obra freudiana — desde seus inícios até seus trabalhos

POSFÁCIO

são muitos os fios que podem ser puxados desse tecido
que liga Freud aos artistas e a suas produções.

---

mais tardios —, sua curiosidade e necessidade de entendimento do
valor da arte e do trabalho do artista. Já em *Estudos sobre a histeria*
(1893–1895), Freud reconhece, em seu ofício, laços com a atividade
poética. Em a *Interpretação dos sonhos* (1900), o psicanalista legitima
a universalidade do que passaria a ser denominado de Complexo de
Édipo através de suas análises das tragédias gregas e da obra de Shakespeare. Em *Os chistes e sua relação com o inconsciente* (1905), "Escritores criativos e devaneio" (1908[1907]) e "O estranho" (1919), o
tema da arte e o do trabalho do artista são centrais. Freud realiza,
também, trabalhos mais específicos sobre alguns artistas, *Delírios e
sonhos na 'Gradiva' de Jensen* (1907), *Uma lembrança infantil de Leo-
nardo da Vinci* (1910), "Moisés de Michelangelo" (1914), "Dostoiévski
e o parricídio" (1928). O tema da arte é, também, retomado em textos de caráter mais geral como em *O futuro de uma ilusão* (1927) e
O mal-estar na civilização (1930[1929]), bem como em artigos cla-
ramente vinculados à clínica psicanalítica, como "Terapia analítica",
conferência XXVIII, e "O caminho da formação dos sintomas", conferência XXIII, ambas pertencentes às *Conferências introdutórias sobre
Psicanálise* (1916–1917). Outros tantos trabalhos de Freud são perme-
ados por sua interlocução com a arte e a figura do artista; é possível
encontrar, na tradução brasileira das obras de Freud, um apêndice
que arrola suas obras que tratam da arte ou da estética como motivo
central (vol. XXI, p 247); só aí são vinte e dois textos. No índice de
"Obras de arte e literatura" (vol. XXIV, pp 91–100), citados no decorrer de toda a obra do psicanalista vienense, temos pelo menos quatro
centenas de menções. Enfim, basta ler a obra de Freud para perce-
ber que a arte e o artista estão insistentemente presentes em suas
reflexões e que, se em muitas ocasiões estas obras e estes artistas lhe
foram úteis para lhe afiançar suas próprias criações, de outro lado,
estes lhe representaram também rivais, que já se assentavam em um
terreno que ele supunha desbravar. Freud oscila entre a cumplicidade total até a desconfiança, passando da reverência ao desrespeito
frente ao artista, a suas obras e à produção de conhecimento nelas
implícita. É importante, então, guardar que aquilo que marca a relação de Freud, e de sua psicanálise, com a produção artística e com a
própria figura condensada do artista é uma *estranha familiaridade*.

109

ESCRITOS SOBRE LITERATURA

A experiência estética e a criação literária formaram, no decorrer de toda a sua obra, um pano de fundo com o qual ele debateu, quer para se aliar à experiência e à criação artísticas, quando estas lhe permitiram defender sua própria teoria, quer para se contrapor a elas, quando Freud lhes concede um papel de antagonistas da verdade psicanalítica, por apenas adocicarem a vida, afastando e alienando os homens de seus reais conflitos.

Em 15 de outubro de 1897, em carta enviada a seu amigo-confidente Wilhelm Fliess, Freud relata de que maneira, em seu caminho de autoanálise, sustentado no ato mesmo de escrever, os diálogos com o mito de "Édipo Rei" e com a tragédia "Hamlet" de Shakespeare o levaram a uma revelação inédita sobre si mesmo e sobre o universo dos homens.

Ocorreu-me somente uma ideia de valor geral. Também em mim comprovei o amor pela mãe e os ciúmes contra o pai, a ponto de considerá-los agora como um fenômeno geral da infância mais precoce [...]. Se as coisas se dão mesmo desta maneira, é possível compreender perfeitamente o apaixonante arrebatamento que "Édipo Rei" causa, apesar de todas as objeções racionais contra a ideia de um destino inexorável que o assunto pressupõe: [...] o mito grego retoma uma compulsão de destino que todos respeitamos porque percebemos sua existência em nós mesmos. Cada um dos espectadores foi uma vez, em germe e em fantasia, um Édipo semelhante e, ante a realização onírica deslocada para a realidade, todos retrocedemos horrorizados, dominados pelo impacto de toda a repressão que separa nosso estado infantil de nosso estado atual. Ocorreu-me fugazmente que este também poderia ser o fundamento de "Hamlet". Não me refiro às intenções conscientes de Shakespeare; prefiro supor que foi um acontecimento real que o impulsionou à apresentação do tema, uma vez que seu próprio inconsciente compreendia o inconsciente

POSFÁCIO

de seu protagonista. Como explicaria o histérico Hamlet a sua frase: "Assim a consciência nos faz todos covardes"? Como explicaria sua vacilação em matar o tio para vingar o pai, quando ele mesmo não teve maior constrangimento em mandar seus cortesãos para a morte e em assassinar Laerte tão prontamente? Como explicar tudo isto senão pelo tormento que nele desperta a obscura recordação de que ele mesmo meditou sobre um crime idêntico contra o pai, impulsionado por sua paixão pela mãe?[6]

Esta passagem evidencia a potência heurística, inventiva e inspiradora da literatura para a criação dos conceitos nucleares da psicanálise: foi no e pelo diálogo com as produções literárias que Freud pôde conceber e dar forma para as suas criações conceituais. Mas não só: foi também no e pelo diálogo com as produções literárias que o homem Sigmund Freud construiu sua própria subjetividade assim como a subjetividade linguageira — esta, feita de linguagem — de todos nós. Foi, portanto, por meio do encontro instituinte com a literatura que Freud foi capaz de — ao admitir seu desejo incestuoso pela mãe e seus sentimentos ambivalentes pelo pai — afiançar e universalizar seus achados.

E assim, alinhado à vanguarda de seu tempo e assumindo uma compreensão inaugural com relação à função e à potência da linguagem, Freud escreve, ainda antes do texto citado, em 1890:

as palavras são efetivamente a ferramenta essencial do tratamento psíquico. O leigo considerará, talvez, dificilmente concebível que os distúrbios mórbidos do corpo ou da alma possam ser dissipados pela "simples" fala do médico, pensará que lhes estão pedindo para crer na magia. No que ele não estará inteiramente

---

6. S Freud, *Los origenes del psicoanalisis.* Madri: Alianza, 1975.

errado; as palavras dos nossos discursos cotidianos é que não passam de magia descolorida.[7]

Podemos retirar deste trecho algo ainda mais fundamental: foi esta mesma magia que Freud ouviu na narrativa de suas pacientes histéricas e que o endereçou em definitivo para o reino encantado das palavras, da linguagem. Linguagem que se mostra com toda a sua potência criadora, criadora de uma nova subjetividade; linguagem que é palavra poética e não apenas veículo de comunicação de ideias ou de transmissão de um conhecimento já dado, tal como a compreendiam, até então, a ciência e a filosofia. Tal palavra não é mais descritiva e acessória; ela se torna *literatura*, oportunidade de criação de sentidos e de realidades.[8]

É o pensador francês Roland Barthes que, em *Aula*,

---

7. S Freud, "Tratamento psíquico (tratamento da alma)". *in Resultats, idées, problèmes*, i, pp 1–23. Citado por L Flem, em *O homem Freud. O romance do inconsciente*. Rio de Janeiro: Campus, 1993, p 228.

8. M Foucault, *As palavras e as coisas* [1966]. Trad. A R Rosa. São Paulo: Martins Fontes, 1967, pp 393–4. "É que, no início do século XIX, na época em que a linguagem se entranhava na sua espessura de objeto e se deixava, de parte a parte, atravessar por um saber, reconstituía-se ela alhures, sob uma forma independente, e de difícil acesso, dobrada sobre o enigma de seu nascimento e, inteiramente, referida ao puro ato de escrever. A literatura é a contestação da filologia (de que ela é, no entanto, figura gêmea): ela reconduz a linguagem da gramática ao puro poder de falar, e aí encontra o imperioso, *o selvagem ser das palavras*. Da revolta romântica contra um discurso imobilizado na sua cerimônia à descoberta mallarmiana da palavra no seu poder impotente, vê-se bem qual foi, no século XIX, a função da literatura em relação ao moderno modo de ser da linguagem. Em relação ao fundo desse jogo essencial, o resto é efeito: a literatura distingue-se cada vez mais do discurso de ideias, e fecha-se numa intransitividade radical; destaca-se ela de todos os valores que podiam

POSFÁCIO

nos situa em relação à força geradora de saber da literatura:

Essa trapaça salutar, essa esquiva, esse logro magnífico que permite ouvir a língua fora do poder, no esplendor de uma revolução permanente da linguagem, eu a chamo, quanto a mim: literatura. [...] A ciência é grosseira, a vida é sutil, e é para corrigir essa distância que a literatura nos importa. Por outro lado, o saber que ela mobiliza nunca é inteiro nem derradeiro; a literatura não diz que sabe alguma coisa, mas que sabe de alguma coisa; ou melhor: que ela sabe algo das coisas — que sabe muito sobre os homens.[9]

É esta a linguagem que Freud abraçou: linguagem poética

---

na Idade Clássica fazê-la circular (o gosto, o prazer, o natural, o verdadeiro), e faz nascer no seu próprio espaço tudo o que possa assegurar a denegação lúdica desses valores (o escandaloso, o feio, o impossível); rompe com todas as definições de 'gêneros' como formas ajustadas a uma ordem de representações e torna-se pura e simples manifestação de uma linguagem que não tem por lei senão afirmar — contra todos os outros discursos — a sua existência abrupta; não lhe resta então senão recurvar-se num perpétuo retorno a si, como se o seu discurso não pudesse ter por conteúdo senão o dizer a sua própria forma: dirige-se a si como subjetividade específica do ato de escrever, ou procura apoderar-se, no movimento que a faz nascer, da essência de toda a literatura; e assim, todos os seus fios convergem para a ponta mais fina — singular, instantânea, e no entanto absolutamente universal —, para o simples ato de escrever. No momento em que a linguagem, como palavra disseminada, se torna objeto de conhecimento, eis que reaparece sob uma modalidade estritamente oposta: silenciosa, cautelosa colocação da palavra sobre a brancura do papel, onde ela não pode ter nem a sonoridade nem interlocutor, onde nada mais tem a dizer, nada mais a fazer do que cintilar no fulgor de seu próprio ser".

9. R Barthes, *Aula. Aula inaugural da cadeira de semiologia literária do Colégio de França (pronunciada dia 7 de janeiro de 1977)*. São Paulo: Cultrix, pp 16–9.

que "cura" quando se oferece plena, como literatura, na experiência de reescritura de cada história particular.

Imerso no simbólico, este novo homem, recém-nascido, tem sua fundação na linguagem. Este é o homem de Freud: o homem psicanalítico, o homem simbólico.

"A linguagem", escreveu Maurice Merleau-Ponty,

não é mais a seiva das significações, mas é o próprio ato de significar, e o homem falante ou o escritor não pode governá-la voluntariamente, assim como o homem vivente não pode premeditar o detalhe e os meios dos seus gestos. A única maneira para compreender a linguagem é instalar-se nela e exercê-la.[10]

E prossegue:

O que há de risco na comunicação literária, e de ambíguo, irredutível à tese em todas as grandes obras de arte não é um delíquio provisório do qual se pudesse esperar eximi-la, mas o esforço a que se tem de consentir para atingir a literatura, ou seja, a linguagem a explorar, que nos conduz a perspectivas inéditas em vez de nos confirmar as nossas.[11]

Mas em um de seus primeiros textos psicanalíticos que vieram a público, *Estudos sobre a histeria* (1893–1895), Freud deixa bem clara a ambiguidade — uma urgência de proximidade, mas também de distância — que regula sua relação com essa "linguagem a explorar", a literatura de que fala Merleau-Ponty:

A mim causa singular impressão comprovar que minhas histórias clínicas carecem, por assim dizer, do severo selo da ciência, e

---

10. M Merleau-Ponty, *Signes*, op.cit., p 23.

11. M Merleau-Ponty, "A linguagem indireta e as vozes do silêncio" (1952). *in Merleau-Ponty*. Coleção *Os pensadores*. São Paulo: Abril Cultural, 1980, p 170.

POSFÁCIO

que apresentam mais um caráter literário. Mas consolo-me pensando que este resultado depende inteiramente da natureza do objeto, e não de minhas preferências pessoais. O diagnóstico local e as reações elétricas não têm eficácia alguma na histeria, enquanto uma exposição detalhada dos processos psíquicos, tal como estamos habituados a encontrar na literatura, me permite chegar, por meio de um número limitado de fórmulas psicológicas, a um certo conhecimento da origem de uma histeria.[12]

À falta do selo de garantia oferecido pela ciência, Freud buscou consolo e abrigo na atividade literária, no poder criador da linguagem. Mas, certamente, não sem um grande desconforto. E a partir da constatação desse grande mal-estar, observamos que se, num primeiro instante, a literatura pôde ser o solo germinal e a fiadora universal para a criação freudiana, num contramovimento, numa traição ao pacto criador original, ela foi deitada, à sua revelia, no divã psicanalítico, para que dela, então, se extraíssem — depois do projeto psicanalítico tê-las ali colocado — as confirmações necessárias para a manutenção das hipóteses metapsicológicas elaboradas.

A criatura, a psicanálise, virou-se contra o impulso criador.

E, assim, se a obra literária teve o papel de musa inspiradora, de cúmplice, para a criação freudiana, por um revés, ela verá sua trama cadaverizada, dissecada para a confirmação das premissas que, no momento inicial, foram por ela mesma despertadas. É no interior dessa vertente conquistadora da relação da psicanálise com a literatura que proliferam estudos que reduzem a obra literária a um mero sintoma da neurose de seu autor, numa

---

12. S Freud, *Estudos sobre a histeria* (1893–1895). Esta versão foi retirada de R Mezan, *Freud, pensador da cultura*. São Paulo: CNPq/Brasiliense, 1985, p 607.

ESCRITOS SOBRE LITERATURA

subtração de seu valor original de saber norteador para a própria criação da teoria psicanalítica.

O que se evidencia, assim, nessa segunda modalidade da relação com a arte, é a negação das bases que forneceram as condições de possibilidade para a criação dessa nova formulação do humano que a psicanálise é.

E, da mesma forma, se é evidente um olhar e um uso ambivalentes de Freud em sua parceria com a obra de arte, não é de se estranhar que, ao historiar sua produção, seja possível verificar também, não uma posição unitária, mas, bem ao contrário, uma atitude de extrema ambiguidade em sua ligação com a figura do *artista*.

Dessa maneira, ora o artista deve ocupar a posição de cúmplice, daquele que antecipa suas próprias conclusões relativas à alma humana, avalizando-o, ora é levado a ocupar o papel de rival, do ser dissimulado, do falsificador insidioso, do grande mentiroso que mitiga as relações com a realidade por meio de fórmulas suaves, conquistando popularidade, coisa que o psicanalista não é capaz de alcançar com suas teorias.

Ciumento, Freud declara: "O artista conquista por meio de sua fantasia o que antes não existia a não ser em sua fantasia: honras, poder e o amor das mulheres",[13] e se queixa:

E se pode bem dar um suspiro, quando nos damos conta de que é assim concedido a certos homens fazer surgir, do torvelinho de seus próprios sentimentos, verdadeiramente sem esforço algum, os mais profundos conhecimentos, enquanto nós outros,

---

13. S Freud, "Os caminhos da formação dos sintomas", Conferência XXIII DAS *Conferências introdutórias sobre a psicanálise* (1916[17]), Vol. XVI. *in Obras completas de Sigmund Freud*, p 439.

POSFÁCIO

para atingi-los, devemos abrir caminho tateando sem cessar em meio às mais cruéis incertezas.[14]

E assim, ao destacar o dilema freudiano frente às relações da psicanálise com a produção artística e com a figura do artista, existente desde seus primeiros textos até suas últimas obras, é possível colocar em relevo uma questão epistemológica fundamental e que diz respeito à concepção de construção de conhecimento que orienta Freud na montagem da disciplina que ele inaugura. Freud, em sua dupla navegação, estaca na encruzilhada arte/ciência, uma encruzilhada que ele mesmo se impõe.

A psicanálise, diante da oposição desvelamento/criação, oposição que abriga uma ruptura entre proposições contrastadas frente à questão da criação do saber, optaria por qual destes percursos? O psicanalista seria aquele que desvenda e assim revela um conhecimento preexistente, esquecido e soterrado pelos escombros da repressão, agindo como um arqueólogo — metáfora largamente utilizada no decorrer da obra freudiana para revelar o trabalho psicanalítico —, um cientista que explora a Natureza a fim de identificar as leis gerais que a regem, ou, em contrapartida, atuaria como o artista, figura que promove tamanho temor e estranhamento em Freud, que optaria pela via da criação, com o emprego de sua fantasia, de realidades sempre inaugurais?

Compreende-se, então, que a ambiguidade que regula a relação de Freud com o escritor e com sua obra, e que o faz colocá-los numa posição ambivalente, ora de cúmplices, ora de rivais, é a evidência do extremo mal-estar

---

14. S Freud, *O mal-estar na civilização*, Vol. XXI. *in Obras completas de Sigmund Freud.*

ESCRITOS SOBRE LITERATURA

experimentado por ele mesmo, justamente por não poder deixar de assumir a via criadora como instauradora de sua psicanálise. Pois, partindo do amparo permitido pelo campo estético, Freud quis, ao renegar o seu passado, conquistar para sua disciplina uma condição puramente científica.

É o pintor suíço Paul Klee quem nos auxilia a superar a ambivalência que viemos ressaltando até agora: "A arte não reproduz o visível, faz visível".[15] A relação psicanalítica pode se pautar nesta mesma visão, ao se comprometer com a fantasia, numa estética própria, questionando uma linhagem cientificista que se afiança na crença de desocultamento de leis gerais atemporais e a nós destinadas. O fazer psicanalítico pode ser então assumido em sua responsabilidade criadora, respondendo por seus próprios atos, retomando sua função intrínseca, que é a de dar existência a algo que não teria vida sem seu gesto de criação.

OS TEXTOS ESCOLHIDOS

Os textos escolhidos neste livro fazem parte daquilo que se convencionou denominar "psicanálise aplicada", ou seja, o emprego das teorias psicanalíticas para além do campo médico e psicopatológico. Tal aplicação especulativa da psicanálise é, na avaliação de Freud, "o esforço da ciência da alma humana no sentido de levar a uma compreensão profunda da vida humana" em todos os seus âmbitos, das situações cotidianas mais simples e

---

15. P Klee. "Schöpferische Konfession". *in Tribune der Kunst und Zeit*, vol. XIII, 1920. Citado por C Geelhaar, in *Paul Klee et le Bauhaus*. Neuchâtel, Suíça: Editions Ides et Calendes, 1972, p 26.

POSFÁCIO

que revelam sentidos ignorados, tais como lapsos de linguagem, esquecimentos, atos sintomáticos, chistes e sonhos, aos grandes campos de produção de conhecimento, sejam eles as artes, a mitologia, a história das religiões e civilizações, a antropologia, a educação, a sociologia e a política.

A primeira obra resultante desse esforço de expansão da psicanálise foi o texto de Freud, *Delírios e sonhos na Gradiva de Jensen*, publicado em 1907, na coletânea *Schriften zur angewandten seelenkunde* (*Monografias de psicanálise aplicada*), coleção criada especialmente para abrigar ensaios de psicanálise aplicada, de Freud e de seus novos discípulos, médicos em sua maioria, mas também intelectuais atuantes nas artes e nas humanidades, e que formaram, entre os anos de 1902 e 1907, a Sociedade Psicológica das Quartas-Feiras, primeira instituição psicanalítica. Nesse texto, Freud defende, de um lado, a existência de um parentesco entre os processos inconscientes e a atividade criadora, uma cumplicidade entre a psicanálise e a arte, mas de outro, realiza um exercício de sobreposição dos conceitos psicanalíticos à obra literária, uma demonstração do valor universal da psicanálise que acaba por desautorizar a inventividade da criação artística, restringindo sua engenhosidade ao mero saldo dos conflitos vividos na infância pelo autor.

Tal atitude ambivalente, de parceria e rivalidade, marcou, como vimos, a relação de Freud com as obras artísticas e seus autores durante toda sua vida, e poderá ser também reconhecida nas obras selecionadas. Mas vale a pena realçar aqui as ampliações conceituais importantes que foram estabelecidas justamente no diálogo fertilizador com as obras literárias.

Em "O poeta e o fantasiar" (1908 [1907]), Freud

apresenta sua teoria geral sobre a criação artística, vinculando-a às fantasias erógenas e ambiciosas, material propulsor para as experiências e desejos da criança e que seguem atuantes na vida adulta. Toma como pressuposto que "a poesia, assim como o sonho de vigília, vem a ser uma continuação e um substituto da brincadeira infantil de outrora" (p 89). Acrescenta que "toda criança que brinca se porta como um poeta, uma vez que ela cria para si o seu próprio mundo, ou, para dizer com mais precisão, transpõe as coisas de seu mundo para uma nova ordem, que lhe agrada. [...] O poeta faz o mesmo que a criança que brinca: cria um mundo de fantasia e o leva muito a sério; isto é, ele o provê de grande investimento afetivo, ao mesmo tempo em que nitidamente o separa da realidade. E a linguagem conserva esse parentesco entre as brincadeiras em que a criança atua e o produzir poesia [...]" (p 80). As experiências da tenra infância povoam a fantasia do adulto e configuram tanto o lugar psíquico que ele ocupa como o modo de relação que ele é capaz de estabelecer junto a outros.

Em "Romance familiar do neurótico" (1909 [1908]) Freud pesquisa novos aspectos do Complexo de Édipo ao destacar os romances familiares que a criança constrói na relação com seus pais; se, de início, os pais são as figuras principais de investimento amoroso e também de ódio, autoridades todo-poderosas para seus filhos, aos poucos, devem ser criticadas e substituídas, no processo de amadurecimento e autonomia a ser conquistado na idade adulta, pelo próprio indivíduo e por novos objetos de investimento: "o desenvolvimento da sociedade reside sobretudo nessa oposição entre ambas as gerações". A análise que Freud faz da novela familiar dos neuróticos revela a posição psíquica que o indivíduo ocupa em sua

POSFÁCIO

configuração familiar, as fantasias eróticas e de ambição, subjacentes a todas as relações humanas, e as dificuldades na progressão do desenvolvimento emocional.

"Uma lembrança infantil de Poesia e verdade" (1917) é um pequeno ensaio sobre uma observação apresentada por Goethe no início de sua autobiografia. Nele, Freud se pergunta sobre o porquê de Goethe, aos sessenta anos de idade, ter guardado e apresentado determinada experiência vivida quando não tinha mais do que quatro anos: o escritor retoma a prazerosa experiência de, sob o olhar divertido dos vizinhos, lançar para fora da janela de sua casa várias peças de louça.

Freud questiona a veracidade dessa lembrança e pondera sobre seu possível significado: "Muito mais seria o caso de supor que o que a memória conservou seria também o mais significativo de toda essa etapa da vida, podendo ou já deter tal importância àquela época ou tê-la adquirido depois, pela influência de vivências posteriores. [...] Para reconhecê-las em sua significância, faz-se necessário algum trabalho de interpretação, que ou comprova como o seu conteúdo é substituído por outro, ou indica a sua relação com outras vivências importantes e irreconhecíveis para as quais as chamadas lembranças encobridoras eram substitutos".[16]

Reflete, portanto, sobre a atividade exercida por nossa memória, o processo de seleção e avaliação que ela realiza sobre aquilo que passa a ter, ou não, valor para nossa consciência. Essa memória viva torna-se, justamente por esta sua função seletiva, uma memória criadora — e não mais um depósito inanimado de imagens —, uma memória que significa nossa história e que permite a criação

---

16. p 119.

de novas narrativas, que resultam justamente desse processo de edição em parceria com o recalque, nas quais as experiências vividas em nossa infância ganham ou perdem relevância. Temos, assim, estabelecida uma causalidade retroativa, na qual o futuro é capaz de dar novas significações para nosso passado.

Em "O estranho" (1919), Freud dedica-se à investigação do *Unheimlich*, uma sensação de estranha familiaridade, uma impressão assustadora, que pertence ao que causa medo, ao que suscita horror: "[...] esse estranho não é realmente nada novo ou alheio, e sim algo de há muito familiar à vida anímica, que a ela só se tornou estranho pelo processo do recalque. A ligação com o recalque nos é agora elucidada também pela definição de Schelling, segundo a qual o estranho seria algo que deveria permanecer oculto, e no entanto ele aflora" (p 62). "O estranho é, pois, [...] algo que outrora foi familiar e de há muito conhecido. [...] o familiar enraizado, que experimentou um recalque e dele retorna [...]" (p 67). Tal impressão de estranheza aparece no dia a dia e também na criação estética e, tanto num caso como no outro, é o resultado do retorno de certos complexos infantis que teriam sido superados ou recalcados. Surge na presença de certos temas que remetem ao temor à castração, às figuras do duplo e dos autômatos, que reativam forças primitivas que a cultura pareceria ter esquecido e o indivíduo supunha ter superado. Mais uma vez Freud salienta a pregnância das experiências dos primeiros anos de vida, que se fazem presentes também na vida madura.

"Dostoiévski e o parricídio" (1928 [1927]) é um exercício de psicobiografia. Freud jamais desdenha das capacidades literárias de Dostoiévski, muito ao contrário, o pareia aos grandes escritores, afiança que seu dom ar-

POSFÁCIO

tístico, como o de qualquer outro artista, é inanalisável, mas o condena em sua falta ética, resultado da onipresença de sua neurose: "[...] a pulsão destrutiva extremamente forte de Dostoiévski, que facilmente o teria feito criminoso, foi em vida orientada sobretudo contra a sua própria pessoa (para dentro, em vez de para fora), vindo a se expressar como masoquismo e sentimento de culpa" (p 11).

Quanto aos sintomas de epilepsia, Freud os relaciona ao efeito de identificação que Fiódor teria experimentado quando seu pai foi assassinado pelos colonos de sua propriedade rural: "Conhecemos o sentido e a intenção de tais ataques que se assemelham à morte. Eles significam uma identificação com um morto, com uma pessoa, que realmente está morta, ou que está viva e a ela se deseja a morte. O último caso é o mais significativo: o ataque tem o valor de uma punição. Desejou-se a morte de outro, e agora é-se esse outro e se está morto. Aqui a teoria psicanalítica introduz a asserção de que esse outro, para o garoto, via de regra é o pai, e o ataque [...] é uma autopunição para o desejo de morte contra o odiado pai. Segundo concepção conhecida [Freud em *Totem e Tabu*], o crime principal e primordial, da humanidade como do indivíduo, é o parricídio" (p 16).

Assim como Sófocles, com seu herói Édipo, que simboliza o desejo parricida universal inconsciente e que se disfarça de destino, e Shakespeare, com seu Hamlet, que na sua ação assassina indireta configura a subjetividade contemporânea culpada e inibida em seus atos, Dostoiévski, com seus três irmãos Karamázov, põe em cena, e sem máscaras, a própria pulsão assassina em ato, a universalidade do desejo parricida, a universalidade do Complexo de Édipo. É surpreendente a perspicácia de

ESCRITOS SOBRE LITERATURA

Freud: de um só golpe desvenda a mudança de mentalidade da humanidade e cria uma nova subjetividade. E tudo isto por meio da análise de textos literários.

Mas há, no exercício psicopatobiográfico que Freud faz de Fiódor Dostoiévski, uma condenação moral ao próprio autor: "É indiferente quem efetivamente cometeu o ato, e para a psicologia importa apenas quem o desejou em sentimento e, quando aconteceu, saudou-o com as boas-vindas. [...] A simpatia de Dostoiévski pelo criminoso de fato desconhece limites, ultrapassando em muito a compaixão à qual o infeliz tem direito [...]. O criminoso é para ele quase que um redentor, que toma a culpa para si, sem o qual ela teria de ser levada pelos outros. Isso é não só compaixão benéfica: é também identificação com base no mesmo impulso assassino, e na verdade um e o mesmo narcisismo ligeiramente deslocado" (p 25).

Por fim, vale o convite à leitura dos textos de Sigmund Freud. Seu texto é rico e engenhoso, agradável e inquietante; a argumentação é clara e contundente, e ele sabe conduzir seus leitores com mãos de mestre. Esta coletânea traz uma boa amostra de seu talento de escritor.

COLEÇÃO HEDRA

1. *Iracema*, Alencar
2. *Don Juan*, Molière
3. *Contos indianos*, Mallarmé
4. *Auto da barca do Inferno*, Gil Vicente
5. *Poemas completos de Alberto Caeiro*, Pessoa
6. *Triunfos*, Petrarca
7. *A cidade e as serras*, Eça
8. *O retrato de Dorian Gray*, Wilde
9. *A história trágica do Doutor Fausto*, Marlowe
10. *Os sofrimentos do jovem Werther*, Goethe
11. *Dos novos sistemas na arte*, Maliévitch
12. *Mensagem*, Pessoa
13. *Metamorfoses*, Ovídio
14. *Micromegas e outros contos*, Voltaire
15. *O sobrinho de Rameau*, Diderot
16. *Carta sobre a tolerância*, Locke
17. *Discursos ímpios*, Sade
18. *O príncipe*, Maquiavel
19. *Dao De Jing*, Laozi
20. *O fim do ciúme e outros contos*, Proust
21. *Pequenos poemas em prosa*, Baudelaire
22. *Fé e saber*, Hegel
23. *Joana d'Arc*, Michelet
24. *Livro dos mandamentos: 248 preceitos positivos*, Maimônides
25. *O indivíduo, a sociedade e o Estado, e outros ensaios*, Emma Goldman
26. *Eu acuso!*, Zola | *O processo do capitão Dreyfus*, Rui Barbosa
27. *Apologia de Galileu*, Campanella
28. *Sobre verdade e mentira*, Nietzsche
29. *O princípio anarquista e outros ensaios*, Kropotkin
30. *Os sovietes traídos pelos bolcheviques*, Rocker
31. *Poemas*, Byron
32. *Sonetos*, Shakespeare
33. *A vida é sonho*, Calderón
34. *Escritos revolucionários*, Malatesta
35. *Sagas*, Strindberg
36. *O mundo ou tratado da luz*, Descartes
37. *O Ateneu*, Raul Pompeia
38. *Fábula de Polifemo e Galateia e outros poemas*, Góngora
39. *A vênus das peles*, Sacher-Masoch
40. *Escritos sobre arte*, Baudelaire
41. *Cântico dos cânticos*, [Salomão]
42. *Americanismo e fordismo*, Gramsci
43. *O princípio do Estado e outros ensaios*, Bakunin
44. *O gato preto e outros contos*, Poe
45. *História da província Santa Cruz*, Gandavo
46. *Balada dos enforcados e outros poemas*, Villon
47. *Sátiras, fábulas, aforismos e profecias*, Da Vinci
48. *O cego e outros contos*, D.H. Lawrence
49. *Rashômon e outros contos*, Akutagawa
50. *História da anarquia (vol. 1)*, Max Nettlau
51. *Imitação de Cristo*, Tomás de Kempis
52. *O casamento do Céu e do Inferno*, Blake
53. *Cartas a favor da escravidão*, Alencar
54. *Utopia Brasil*, Darcy Ribeiro

55. *Flossie, a Vênus de quinze anos*, [Swinburne]
56. *Teleny, ou o reverso da medalha*, [Wilde et al.]
57. *A filosofia na era trágica dos gregos*, Nietzsche
58. *No coração das trevas*, Conrad
59. *Viagem sentimental*, Sterne
60. *Arcana Cœlestia e Apocalipsis revelata*, Swedenborg
61. *Saga dos Volsungos*, Anônimo do séc. XIII
62. *Um anarquista e outros contos*, Conrad
63. *A monadologia e outros textos*, Leibniz
64. *Cultura estética e liberdade*, Schiller
65. *A pele do lobo e outras peças*, Artur Azevedo
66. *Poesia basca: das origens à Guerra Civil*
67. *Poesia catalã: das origens à Guerra Civil*
68. *Poesia espanhola: das origens à Guerra Civil*
69. *Poesia galega: das origens à Guerra Civil*
70. *O chamado de Cthulhu e outros contos*, H.P. Lovecraft
71. *O pequeno Zacarias, chamado Cinábrio*, E.T.A. Hoffmann
72. *Tratados da terra e gente do Brasil*, Fernão Cardim
73. *Entre camponeses*, Malatesta
74. *O Rabi de Bacherach*, Heine
75. *Bom Crioulo*, Adolfo Caminha
76. *Um gato indiscreto e outros contos*, Saki
77. *Viagem em volta do meu quarto*, Xavier de Maistre
78. *Hawthorne e seus musgos*, Melville
79. *A metamorfose*, Kafka
80. *Ode ao Vento Oeste e outros poemas*, Shelley
81. *Oração aos moços*, Rui Barbosa
82. *Feitiço de amor e outros contos*, Ludwig Tieck
83. *O corno de si próprio e outros contos*, Sade
84. *Investigação sobre o entendimento humano*, Hume
85. *Sobre os sonhos e outros diálogos*, Borges | Osvaldo Ferrari
86. *Sobre a filosofia e outros diálogos*, Borges | Osvaldo Ferrari
87. *Sobre a amizade e outros diálogos*, Borges | Osvaldo Ferrari
88. *A voz dos botequins e outros poemas*, Verlaine
89. *Gente de Hemsö*, Strindberg
90. *Senhorita Júlia e outras peças*, Strindberg
91. *Correspondência*, Goethe | Schiller
92. *Índice das coisas mais notáveis*, Vieira
93. *Tratado descritivo do Brasil em 1587*, Gabriel Soares de Sousa
94. *Poemas da cabana montanhesa*, Saigyō
95. *Autobiografia de uma pulga*, [Stanislas de Rhodes]
96. *A volta do parafuso*, Henry James
97. *Ode sobre a melancolia e outros poemas*, Keats
98. *Teatro de êxtase*, Pessoa
99. *Carmilla — A vampira de Karnstein*, Sheridan Le Fanu
100. *Pensamento político de Maquiavel*, Fichte
101. *Inferno*, Strindberg
102. *Contos clássicos de vampiro*, Byron, Stoker e outros
103. *O primeiro Hamlet*, Shakespeare
104. *Noites egípcias e outros contos*, Púchkin
105. *A carteira de meu tio*, Macedo
106. *O desertor*, Silva Alvarenga
107. *Jerusalém*, Blake
108. *As bacantes*, Eurípides
109. *Emília Galotti*, Lessing
110. *Contos húngaros*, Kosztolányi, Karinthy, Csáth e Krúdy
111. *A sombra de Innsmouth*, H.P. Lovecraft

112. *Viagem aos Estados Unidos*, Tocqueville
113. *Émile e Sophie ou os solitários*, Rousseau
114. *Manifesto comunista*, Marx e Engels
115. *A fábrica de robôs*, Karel Tchápek
116. *Sobre a filosofia e seu método — Parerga e paralipomena (v. II, t. I)*, Schopenhauer
117. *O novo Epicuro: as delícias do sexo*, Edward Sellon
118. *Revolução e liberdade: cartas de 1845 a 1875*, Bakunin
119. *Sobre a liberdade*, Mill
120. *A velha Izerguil e outros contos*, Górki
121. *Pequeno-burgueses*, Górki
122. *Um sussurro nas trevas*, H.P. Lovecraft
123. *Primeiro livro dos Amores*, Ovídio
124. *Educação e sociologia*, Durkheim
125. *Elixir do pajé — poemas de humor, sátira e escatologia*, Bernardo Guimarães
126. *A nostálgica e outros contos*, Papadiamántis
127. *Lisístrata*, Aristófanes
128. *A cruzada das crianças/ Vidas imaginárias*, Marcel Schwob
129. *O livro de Monelle*, Marcel Schwob
130. *A última folha e outros contos*, O. Henry
131. *Romanceiro cigano*, Lorca
132. *Sobre o riso e a loucura*, [Hipócrates]
133. *Hino a Afrodite e outros poemas*, Safo de Lesbos
134. *Anarquia pela educação*, Élisée Reclus
135. *Ernestine ou o nascimento do amor*, Stendhal
136. *A cor que caiu do espaço*, H.P. Lovecraft
137. *Odisseia*, Homero
138. *O estranho caso do Dr. Jekyll e Mr. Hyde*, Stevenson
139. *História da anarquia (vol. 2)*, Max Nettlau
140. *Eu*, Augusto dos Anjos
141. *Farsa de Inês Pereira*, Gil Vicente
142. *Sobre a ética — Parerga e paralipomena (v. II, t. II)*, Schopenhauer
143. *Contos de amor, de loucura e de morte*, Horacio Quiroga
144. *Memórias do subsolo*, Dostoiévski
145. *A arte da guerra*, Maquiavel
146. *O cortiço*, Aluísio Azevedo
147. *Elogio da loucura*, Erasmo de Rotterdam
148. *Oliver Twist*, Dickens
149. *O ladrão honesto e outros contos*, Dostoiévski
150. *Diários de Adão e Eva e outros escritos satíricos*, Mark Twain
151. *Cadernos: Esperança do mundo*, Albert Camus
152. *Cadernos: A desmedida na medida*, Albert Camus
153. *Cadernos: A guerra começou...*, Albert Camus
154. *Escritos sobre literatura*, Sigmund Freud
155. *O destino do erudito*, Fichte

Dados Internacionais de Catalogação na Publicação – CIP

F889   Freud, Sigmund (1856 – 1939).
        Escritos sobre literatura. / Sigmund Freud. Organização de Iuri Pereira.
        Tradução de Saulo Krieger. Posfácio de Noemi Moritz Kon. – São Paulo:
        Hedra, 2014.

        ISBN 978-85-7715-350-3

        1. Freud, Sigmund (1856 – 1939). 2. Psicanálise. 3. Literatura. 4. Crítica
        Literária. 5. Dostoiévski, Fiódor (1821 – 1881). I. Título. II. Pereira, Iuri,
        Organizador. III. Krieger, Saulo, Tradutor. IV. Kon, Noemi Moritz.

                                                    CDU 159.9
                                                    CDD 153.3

Adverte-se aos curiosos que se imprimiu este livro em nossas oficinas, em 12 de maio de 2014, em tipologia Libertine, com diversos sofwares livres, entre eles, LuaLATEX, git & ruby.